在哈佛学谈判

人生无处不是谈判，每次你都能争取更多！

LEARNING NEGOTIATION AT HARVARD

王海山◎编著

北京联合出版公司
Beijing United Publishing Co.,Ltd.

图书在版编目（CIP）数据

在哈佛学谈判 / 王海山编著 . — 北京 : 北京联合出版公司, 2015.7

ISBN 978-7-5502-5524-1

Ⅰ. ①在… Ⅱ. ①王… Ⅲ. ①谈判学—通俗读物 Ⅳ. ①C912.3-49

中国版本图书馆 CIP 数据核字（2015）第 128747 号

在哈佛学谈判

作　　者：王海山
责任编辑：李　婷　徐秀琴
装帧设计：颜森设计工作室

北京联合出版公司出版
（北京市西城区德外大街83号楼9层 100088）
北京鹏润伟业印刷有限公司 新华书店经销
字数240千字 710毫米×1000毫米 1/16 13印张
2015年7月第1版 2015年7月第1次印刷
ISBN 978-7-5502-5524-1
定价：36.00元

第1章 自我认识课——了解自我，扬长避短

第2章 透析对手课——精神饱满，迎接挑战

第3章 谈判原则课——坚守谈判的底线

第4章 语言策略课——唇枪舌剑，无人能敌

第5章 关键力量课——凝聚力量，战胜对手

第6章 心态修炼课——积极乐观，吸取正能量

第7章 战前准备课——准备充分，胸有成竹

第8章 开局基调课——定下基调，牵住对手的“鼻子”

第9章 战术博弈课——斗智斗勇，你谋我算

第10章 心理博弈课——磨炼一颗强大的心

第11章 高效成交课——效率就是价值

第12章 价格策略课——讨价还价也是一门艺术

第13章 获得共赢课——双赢才是最好的结局

第14章 攻势谈判课——拿出你的气势进攻对手

第15章 劣势谈判课——坚定信念，弱也能胜强

第16章 相持阶段课——坚持到底就是胜利

第1章

自我认识课
——了解自我，扬长避短

透彻了解人性

人们往往忽略了这样一个基本的谈判事实，即对方是活生生的人，他们有感情、有自己的价值观、有不同的背景和看问题的角度。他们有时让人捉摸不透，而我们自己也是如此。

——哈佛谈判项目研究报告

哈佛谈判项目小组的成员曾经举过这样一个谈判案例：孟缇洛律师代表一家保险公司去和州保险专员汤普逊谈判。

律师见到州专员时，对他说："汤普逊先生，我知道你的时间非常宝贵，但有关加强责任法案推定条款的表述对于一些保险公司并不是很公平，我想和你谈谈这方面的问题。因为有些保险公司目前的保单中已经包含了价格调整的限制措施，所以他们希望能对这些条款做出适当的调整。"

汤普逊专员打断了孟缇洛律师的话："孟缇洛女士，我们部门在该法令颁布之前就对这些规定举行过几场听证会，你们公司当时完全有机会提出反对意见。再说，这些听证会是由我主持的，我是在聆听了每一个证词之后，才亲自撰写了该法案所有条款的最后文本，难道你认为我错了吗？"

"不，但是——"孟缇洛律师想要挽回自己说的话。

"那你是说我不公平？"汤普逊专员步步紧逼。

"我当然不是说先生您不公平，但我认为这些条款带来的某些后果是我们事先没有预料到的，而且……"律师话还没说完就被专员打断了。

"听着，孟缇洛女士，我在竞选这个职位时就向公众保证过，一定要杜绝市场上出现对人的生命构成威胁的电吹风和廉价轿车，现在的法案实现了之前的保证。"汤普逊专员接着说，"通过这个法案，你们公司去年赚了5000万美元，你现在来和我谈什么不公平、没有预料到后果等，是把我当傻子吗？我再也不想听到任何关于法案的话。再见，孟缇洛女士。"

课堂收获

哈佛谈判项目的研究报告认为，谈判者首先是人，这就不可避免地牵涉到人性问题。身处谈判桌，面对的是人，变数无穷。即使你学过再多的谈判技巧，即使你的谈判知识有一百分，你的谈判实力也需在谈判实践中得到换算。当你面对一个随时都可能有改变的谈判对手时，你一定要调整好自己，弹性对待不断改变的谈判对手。因此，哈佛大学所教的谈判成功秘诀并不是谈判的专业性知识，而是对人性的了解。

改变以往的思路，要对方看不透你

作为谈判者，要从束缚你的思维定式中摆脱出来，做一些新的尝试。

——赫布·科恩

谈判大师罗杰·道森的一位演讲朋友虽然擅长演讲，却不懂得为自己争取更高的演讲费用。经过罗杰的指导，这位演讲朋友成功地为自己争取到了更高的演讲费用。

最初，这位演讲朋友的演讲费用是1500美元。有一天，这位朋友来到一家公司建议该公司聘请他来做室内训练。公司的训练指导对他说：“我们非常欢迎你来我们公司工作，但是我们最多能给你1500美元的聘请费。”如果放在以往，这位演讲朋友会这样回答：“我就要1500美元就可以了。”但是这一次，他改变了以往的思路，故作惊讶地对训练指导说：“1500美元！我不能为1500美元去做你们的室内训练。”听了他的回答，训练指导皱着眉头思索了一会儿说：“我们能给你做演讲的最高费用是2500美元，这是我们所能给的最高报酬了。”就这样，大师的演讲朋友仅仅是改变了一下思路，改变了一下谈判的方式，就在短短的谈判时间内为自己赢得了比以往多1000美元的演讲报酬。

课堂收获

很多谈判者容易陷入一种固定的思维模式中，总是按照一种思路去解决谈判中遇到的问题。这种按照以往思路进行谈判的谈判者，总是重复使用相同的谈判方法，在变幻莫测的谈判桌上当然难以应对。有时候，谈判者只要稍微改变一下思路，谈判的模式就会让对手叹为观止，难以摸清你的套路。因此，哈佛大学的老师认为，为了赢得谈判，谈判者首先要做的就是认清自身的谈判思路，当以往的谈判思路难以应对谈判桌上的情况时，就要学会改变。要知道，有时候，仅仅是一点点思路的变化，就可能对谈判结果起到决定性的作用。

看看自己是否有换位思考的能力

能站在对方的角度考虑问题，是谈判者应该掌握的最重要的技巧之一，尽管真正做到这一点并不容易。

——哈佛谈判项目研究报告

日本一家电视台每周都有档关于人生问题的节目，该节目的收视率比同时段的其他节目要高出很多。这一节目收视率之所以高的重要原因在于节目主持人能够运用换位思考的方法，巧妙地回答观众所提出的问题。

一般来说，人们总是在刚开始时不情愿接受各种忠告。他们要么会提出反对意见，要么对解答者所提出的意见进行辩解。但是，面对该节目主持人的回答，大多数人都能够接受他的每一句话、每一句忠告。正是因为这样，该节目吸引了无数人的目光。为什么呢？因为该节目的主持人具有换位思考的能力，他是站在求助人的角度，给出中肯的意见。例如，该节目的来宾以离婚女子居多，每当主持人和这些来宾探讨人生问题的时候，他总是先站在对方的角度说："如果我是你的话，我会原谅他的，我也绝对不和他分手。"就是这样短短的一句话，却能发挥奇妙的作用。这是因为主持人站在对方的角度去考虑问题，迎合了观众和嘉宾的心理，从而引发了双方在心理上的共鸣。这样一来，该节目就成为双方沟通的桥梁，收视率当然就高了。

课堂收获

主持人能够换位思考问题，即使他在说服对方的过程中不小心用了些不恰当的言词，但因为他是站在对方的角度，把自己当作对方来提出忠告的，因此他的做法不但可以弥补言辞上的过失，还可以促使对方思考和反省。这种方法对于谈判来说同样适用。哈佛大学的老师认为，谈判者的换位思考能力能够有力地推动谈判进程。因为，具有换位思考的谈判者解决问题的出发点是思考出就事论事的方案，他们往往能够站在谈判对手的角度去考虑解决谈判问题的方案。因此，谈判者首先要认识自我，看看自己是否具有换位思考的能力，只有这样，谈判者才能了解自身是否具有更好的解决谈判问题的能力。

不要让习惯成为谈判的拦路虎

人们的谈判行为在很大程度上受制于其面对复杂环境迅速做出反应（也许有时是迫不得已）时的态度。

——盖温·肯尼迪

从下面的对话中可以看出一个人的习惯在谈判沟通中的障碍有多大。

经理："亨利，我知道你是一个很能干的职工，是公司的大功臣，为我分担了不少忧愁。但我想要提醒你的是，你属下有人反映你总是严厉地批评他的错误，连一点小错误也不放过。然而，他们做得很好的时候，你却从来不表示一下。说句实在话，有时候表扬一下下属，既可以拉近彼此之间的距离，又可以调动下属的积极性，何乐而不为呢？"

部门主管："表扬下属？我的下属总是好大喜功，我要好好地管教都来不及，更别说讨好他们，那样做的话只会让他们得寸进尺。"

经理："我的意思不是说要你去讨好下属。只是有时表扬下属，是对他们工作的肯定。这样做，对你也没有多大的损失。"

部门主管："称赞他们？我看不必了，大家心里都知道谁做得好。如果对他们好，他们借机要求加薪，那我们该怎么处理这些麻烦？"

经理："那你觉得科尔这个人怎么样？他做事认真，待人宽厚，而且能力很强。难道你从来没有想过要赞扬一下他？"

部门主管："科尔虽然干得好，可是我担心一表扬他，他就会骄傲自满。我不表扬他，他就能时时感到压力。这样，他的工作才会有效率。"

从经理和部门主管的谈话中，我们不难看出，这位部门主管在对待下属方面已经形成了一种习惯。而且，他用这种习惯来处理他同下属的关系，难怪他和上司以及下属都难以进行有效的沟通，使得谈判陷入僵局。

课堂收获

人都有某些思维习惯，谈判者也不例外。当谈判者遇到一些问题时，往往总是凭借着习惯性思维去处理。说到底，这是一种凭直觉做事的谈判行为，带来的往往是错误或者死板地处理谈判问题。哈佛大学的老师建议谈判者要同习惯性思维作斗争，在谈判时不要一味地依赖于习惯性思维，要学会发散思维，这对谈判者来说是一个不小的挑战。

看看自己是否有谈判的原动力

谈判是具有利害关系的各方为了满足各自的需要，就所关心的问题进行磋商，就所争执的问题相互协调、让步，努力达成协议的过程和行为。

——尼尔伦伯格

斯宾诺莎是法国著名的哲学家，他被世人称为“把上帝看得最为真切的人”。斯宾诺莎的哲学思想影响巨大。相较于他对全世界的巨大影响，以及哲学思想上的深厚造诣，他的一生却穷困潦倒，不得不以打磨镜片为生。

斯宾诺莎的生活态度非常奇特，他打磨镜片的手艺非常出色，但是他并没有以此来谋取财富。因为斯宾诺莎并不想把精力耗费在挣钱上，他平时的所得以能维持最基本的生活为准。剩下的空闲时间里，他总是让自己徜徉在深邃而博大的哲学思想中。然而，就是这样不重视金钱的斯宾诺莎却和自己的亲姐姐在法庭上对立，打起财产官司。因为他的姐姐没有经过他的同意就私自占有了原本属于他的部分遗产。斯宾诺莎觉得姐姐的行为深深伤害了自己，一怒之下，就和姐姐打起了财产官司。经过法庭的判决，斯宾诺莎顺利地夺回了原本属于自己的遗产，然而，他却公然把自己获得的遗产转赠给姐姐，他本人仍以打磨镜片为生。

课堂收获

哈佛大学的老师提出谈判的原动力在于需要。因为谈判的本质就是通过不同的利益来满足己方的需要。通过这种需要的交换，谈判者能够用自己不需要的东西去换取需要的东西。因此，谈判者之所以在充满复杂性和竞争性的谈判桌上据理力争、布阵进攻等，都是为了需要。因为有了谈判的需要，谈判者才有进行谈判的原动力，才能想出各种各样的办法进行谈判，为己方谋得所需的利益。

明晰谈判目的，知道自己要完成什么

谈判是一种目的性很强的活动。

——尼尔伦伯格

第二次世界大战期间，美国军需部门用船只往欧洲前线运送作战物资。然而，这些运送物资的船只经常被德国的飞机和潜艇袭击，损失惨重。为了改善这种状况，减少作战物资的损失，美国专门建立了一个防空防潜的防卫网。等到防卫网建立后，很多不明白建立防卫网目的的人认为美国的建网举动失败了。因为根据统计，防卫网建立后，美国击毁德国飞机和潜艇的数目并没有增加多少，那些坚持美国建立防卫网是失败之举的人就是从这些统计数字中找出建网失败的证据。然而，就美国建立防卫网的初衷而言，它是为了防止美国运往前线的物资免遭德国的袭击，并将物资在运送途中的损失降到最低限度。因此，美国在建立防卫网时除了把它作为军事防卫设施之外，还运用了一些统筹学的方法，较成功地躲开了德国飞机和潜艇的袭击，使得美国运往前线的物资基本上都能够安全地抵达目的地。就这种建网目标而言，美国在“二战”期间建立的防卫网是成功的。

课堂收获

从上文的案例可以看出，谈判者在谈判之前一定要明确谈判的目的，并时时提醒自己不要偏离谈判的目的。否则，谈判者的一切思考和行动都将是盲目的，当然难以实现谈判的目的。

哈佛大学的老师提醒谈判者一定要对谈判目的有明晰的认识，对自己需要得到什么应该有一个明确的设想；谈判者还要知道自己为什么需要这么做；知道谈判得到的结果对己方有什么用。当谈判者对这一切都有明确的认识之后，谈判者就能根据需要拟订正确的谈判方案，可以有的放矢地开始谈判。

认识自己的语言魅力

人类天生就是这样的，只要你说话的时候神气十足得像个主宰者，就有人服从你。

——《山大王》

1980 年，前联合国秘书长瓦尔德海姆飞往伊朗，他此行的目的是要通过谈判寻求解决美伊人质问题的途径。瓦尔德海姆一到伊朗，就通过新闻媒介发表公开讲话，宣称“我是以中间人的身份来这里寻求某种妥协”。正是这句公开的讲话使得瓦尔德海姆还没有来得及做出任何努力就遭到了严重的挫败。原来，“妥协”一词在英语中的积极含义是“双方可接受的折中之道”，然而，“妥协”一词译为波斯语则是“他的美德折损了”“我们的人格折损了”这种消极的含义。此外，“中间人”一词在波斯语中的意思是“没有经过邀请的闯入者”。因为这种语言上的歧义，伊朗人没有办法接受瓦尔德海姆的公开讲话。不仅如此，瓦尔德海姆的讲话还激怒了伊朗人，愤怒的伊朗人包围了他坐的车，向他提出严重的抗议。这种情况下，原本想要寻求解决美伊人质问题途径的谈判结果可想而知。瓦尔德海姆原本想要通过谈判化解危机的举动，却因语言的误会而使双方陷入了寸步难行的尴尬境地。

课堂收获

语言是人们传达信息、交流思想的基本工具。谈判中，同样的一句话，从不同的角度去讲，就会产生不同的语言效果。哈佛大学的老师认为，语言的准确性是一个谈判者在语言表达能力上所应具备的第一要素。因此，一个优秀的谈判者，首先应是一个出色的语言艺术家。他可以通过语言的魅力，强化谈判的效果。反之，不懂得运用语言魅力、表达不到位的谈判者则容易引起对手的误解甚至是曲解。

看看自己是否有运用媒介的能力

当我面对一群人，或是大众传播媒体谈话时，我总是假想自己是和“一个人”进行推心置腹的谈话。

——巴伯

美国南北战争快要结束的时候，市场上的猪肉价格十分高，很多人觉得从事猪肉生意才能赚钱。然而，商人亚默尔却敏锐地觉察到猪肉价格高只是暂时现象，一旦战争结束，猪肉的价格就会马上下跌。因此，亚默尔并没有立即投入到猪肉生意中，而是密切地关注战事的发展，等待着市场即将发生的转变，以便抓住时机做一笔大生意。

亚默尔每天都坚持看报纸，他从报上的最新消息中推测出南方军队的失败已经成为定局，但他还不知道南方军队能够坚持多久。一天，亚默尔从报纸上看到一则普通的新闻。新闻报道说，一个神父在南方某将军的营地遇到几个小孩，他们拿着钱问神父哪里可以买到面包和巧克力，因为他们已经两天没有吃到面包了。孩子们还告诉神父说，他们的父亲是将军手下的军官，他们也已经几天都没有吃到面包了，而且带回来的马肉都很难吃。亚默尔读到这则报道，立即推断出，南方的军队供给短缺。该将军是南方军队大本营的领导者，他的军队里供给已经短缺到了宰马吃的地步，这就说明南方军队撑不下去了，战争的结束已经迫在眉睫。

亚默尔见到时机成熟，立刻到东部市场与销售商进行谈判，通过谈判，亚默尔以较低的价格卖出一批猪肉，并约定晚几天交货。东部的销售商看到进货价格这么低，当然十分愿意购买亚默尔的猪肉。不出亚默尔所料，没过几天，战局和市场都发生了巨大的变化，猪肉的价格也迅速下跌。根据之前谈好的协议，亚默尔以极低的价格购买了一批猪肉卖给东部的销售商，通过这种方式，亚默尔净赚了100万美元的巨额利润。

课堂收获

亚默尔之所以能够从战局和市场的变化间隙中赚取一笔钱，就是因为他利用媒介准确地预测出战争即将结束的信息。哈佛大学的老师指出，媒介的运用是谈判双方较量的关键因素。因为谈判是一个动态的过程，谈判双方的态度、意图以及实力都将随着时间的推移而变化，所以，谈判者抓住媒介传播的时效性，才能找出对己方有利的谈判时间。再者，为了在谈判中既准确又迅速地实现自己的既定目标，谈判者应选择那些既能反映正确信息，又能使己方从中收到预测信息的媒介。

有胆有识，方能承受谈判压力

压力转移策略，是指在面对谈判压力时，通过一系列的方法将压力转移到谈判对手身上，使己方在谈判中处于有利位置。

——谈判压力转移策略

纳赛尔是埃及的第二任总统，也是中东现代历史上最有影响力的人物之一。纳赛尔当政期间，主张阿拉伯国家团结和独立，处理国际事务时遵循不结盟原则。在关于英军撤出埃及，结束英国对埃及的殖民统治的谈判中，纳赛尔以其胆识和机智赢得了埃及人民的尊重和爱戴，被称为“国父”。

在纳赛尔和英国当局的谈判中，英国当局从自身的立场出发，想方设法地回避英军完全撤出埃及的问题。为此，英国当局把谈判的焦点集中在讨论基地以及基地作战时重新启用等一些技术问题的细节上。面对英国当局的强势立场，纳赛尔坚决要求英国当局先接受英军完全撤出埃及的谈判条件之后，再进行其他细节的讨论。同时，纳赛尔还坚持基地必须接受埃及的军事指挥这一条件。但是，英国的谈判代表表示，他们只有在知道可以保留下什么之后，才会答应纳赛尔要求英军撤出基地的条件，做出英军撤出埃及的保证。面对英国谈判代表的这种要求，纳赛尔并没有上当，也没有服软，而是果断地做出中断谈判的决定。

最终，在纳赛尔坚持己方原则性的谈判条件之下，英国当局不得不同意英军撤出埃及的条件。纳赛尔以其胆识承受住了谈判中的种种压力，最终使埃及人民摆脱了英国的殖民统治，取得了民族独立。

课堂收获

谈判双方在谈判中往往是针锋相对的，这种情况下，比拼的不仅是谈判双方的实力和智慧，还有谈判双方的胆识。胆识是勇气和智慧的结合体，如果谈判者在谈判中能够合理地利用胆识，不仅会让对手感受到压力，还会给自身带来动力。哈佛大学的老师认为，真正的谈判高手不仅有胆而且有识，表现果断，能够做到临危不乱、处变不惊。

谈判的本质是利益的博弈，因此谈判中难免出现各种各样的冲突。如果谈判者没有胆识去面对谈判中的交锋和冲突，没有胆识去展现自身的强势，最终只能损害己方的利益。因此，哈佛大学的老师认为，谈判者在谈判桌上一定要展现自身的胆识，才能承受住谈判中出现的各种压力。

做一个感性的谈判者

将自己的热忱与经验融入谈话中，是打动人的最快速的方法，也是必要条件。如果你对自己的话不感兴趣，怎能期望他人感动。

——戴尔·卡耐基

吉恩是一家大型商场的购货员，瑞德是一家食品批发商的推销员，双方就一批食品的购买进行谈判。经过长时间的谈判，双方的分歧仅仅是2000美元的价格。吉恩出价28000美元，瑞德要价30000美元。实际上，即使是28000美元，瑞德也愿意卖出这批食品。同样地，瑞德所出的30000美元的价格还在吉恩事先预定的最高价31000美元之下。但是，双方都不知道对方是否还有让步的余地，并且，双方都做出一副死守价格、寸步不让的架势。

吉恩："瑞德，我看算了吧。我们两人争执了半天却困在这点价格差距上，真是太可惜了。"

瑞德："吉恩，我给你的报价已经是我所能给的最低价了，你还期望在别的地方找到更低的价格吗？"

吉恩："这可说不定，外面的商家那么多！你怎么能因为这点价格差距就把这笔大生意送给别人呢？"

瑞德："成不成交得看情况，强求不得。成交的话，就赚点，不成交的话，也亏不了多少。"

吉恩："瑞德，实话跟你说吧，你所要的价位，我一个人做不了主。我还是问问另一家店的店主，看看能不能用28500美元购得这批食品。但是在我和另一家店主联络之前，我还是希望我们之间能够顺利达成协议。"

瑞德："我很乐意啊，吉恩先生。但30000美元这个价，那可低到了下限啦！"

吉恩："瑞德，我想你还不至于为了1500美元而丢掉这笔生意吧？难道你真的想这样做？你要知道我们商场的业务量正在不断地扩大，我们之间的生意还多着呢。"

瑞德做了个苦相，说："算了吧，你还是先去联络别的店家吧，但我事先声明，如果你和别人谈不拢，也不要再回来和我们谈了。"

吉恩打电话回来说："瑞德，我的运气不错。那家商店已经同意按28500美元的价成交了。"

课堂收获

哈佛大学的老师并不否定情感在谈判中的作用，他们认为情感是谈判中的一个很自然的部分，如果在谈判中一味坚持自己的利益，总以一副冷冰冰的表情面对对手，若没有其他好的条件做衬托，很容易引起对手的反感，导致谈判的破裂。

感情可以很容易地拉近人与人之间的距离，营造一种和谐的气氛，谈判中情感的高效使用就是谈判者能够使他的情感可信。哈佛大学的老师认为，富有感情技能的谈判者更可能在谈判中胜出，可以轻易揣摩别人的情感的人，对对手真实情感的判断更准确。富有情感的谈判者也更容易感染对手，同时也可以更有效地开发和利用谈判双方的感情系统。

认同自己，也让别人认同你

一个人能达到的最高境地，是意识到自己的情绪和思想，是认识他自己。

——歌德

有位很有才华的青年，对前途充满了自信和勇气，幸运地得到了上司的赏识和提拔，成为伦敦分公司的总经理。到职以后，他立刻积极地开展工作，以提高工作业绩。然而，仅仅不到半年的时间，纽约总公司的管理阶层都对他抱怨连连，大家都认为他太傲慢了，没有办法同他合作。原因就在于这位青年任意独断的工作作风招致众人的反感。

没过多久，总公司给他发了一份电报，要求他制作一份详尽的客户调查资料，但是总公司等了很久，也没有收到回信。于是，总公司又发了一份催促的电报，这次青年回了信，但内容竟是“太忙了，没有时间”。总公司负责人看到青年的回信，勃然大怒，告诉他要停止他在伦敦方面的全部业务。这位才高胆大的青年管理者终于察觉出事态的严重，立刻接二连三地主动向总公司探询，但为时已晚。为何事情会演变到如此地步呢？他最大的过失是没有获得他人的认同，从别人那里获得协助。

课堂收获

哈佛大学的老师认为，要扮演好谈判者的角色，不仅要认同自己，还要让别人认同你，进而获得别人的协助。因此，真正的谈判高手不会只顾个人的眼前利益，忽略他人的利益和力量，而是用认同的力量让他人来帮助自己。让别人认同自己，就能借助别人的力量，让别人帮自己分担谈判中的风险。如果谈判者能集合大众的力量，共同承担风险，就能减少自身所承受的谈判压力。

第 2 章

透析对手课
——精神饱满，迎接挑战

注意不要被对手蒙蔽双眼

谈判时一定要放下自我。千万不要让对方诱使你说出真相。

——罗杰·道森

两个警察去审讯同一个犯人。其中一个警察对犯人采用恐吓的方式，要控诉犯人的多项罪名，但是犯人自始至终都没有说出什么线索。另一个警察则采取人性化的方式，先是给犯人端了一杯水，然后又递给犯人一支香烟。等到真正审讯时，也没有咄咄逼人，而是先关切地问候了犯人的家人，然后又对犯人保证说他不会再受到第一个警察的威胁。经过一段时间的交流，犯人主动向第二个警察交代了自己的罪行。

谈判中经常会遇到这种巧妙运用黑白脸策略的对手。事实上，这是谈判者的一种心理操纵术，如果谈判者遇到了这样黑白脸密切配合的谈判对手，就一定要提高警惕，不要被他们的黑白脸计策所迷惑，进而输掉谈判。

课堂收获

哈佛大学的老师认为，谈判是一场心理游戏。谈判双方都可以使用各种各样的心理计策，去击溃对手的心理防线，为己方赢得更多的利益。如果能够洞察对手的心理，然后有针对性地采取谈判策略，就能摆脱对手的迷惑，牢牢地把握住谈判的主动权。

懂得运用头衔的合法权利

个人力量的第一个因素是合法权利。有头衔的人都有合法权利，因为头衔影响人。

——罗杰·道森

茱莉亚从南加利福尼亚大学毕业，获得了该校的商业金融文凭。然后，茱莉亚到纽约的股票经纪人迪安·威特尔位于贝弗里山的办公室上班。有一天，茱莉亚告诉父亲说她要做迪安·威特尔的副总经理。父亲告诉她："茱莉亚，你的职业目标要现实一点，你所待的是一家大公司，恐怕你得花很多年、付出很多努力才能成为副总经理。"

茱莉亚回答说："哦，不，我觉得我今年年底就能当上副总经理。"

父亲又问道："迪安·威特尔有多少个副总经理？"

茱莉亚回答说："我不知道确切的数字，但我肯定，迪安·威特尔有几千个副总。因为我们一个办公室就有 35 个副总。"

不得不说，茱莉亚的上司迪安·威特尔懂得头衔对人的影响。

课堂收获

有头衔的人有着一定的合法权利，能影响别人。如果谈判者的名片上没有一个有分量的头衔，谈判者就要想办法提高自身的合法地位。因此，哈佛大学的老师建议谈判者最好把自己的头衔印在名片、信封等上，因为这种头衔能够增强谈判者对对手的影响力。如果有可能的话，有头衔的谈判者应该让对手主动来找自己谈判，而不是自己降低身份去找对手谈判。

礼貌待人，给对手留下美好的第一印象

礼仪是微妙的东西，它既是人们交际所不可或缺的，又是不可过于计较的。

——培根

汤姆和同事一同去英国出差。吃完早餐后，汤姆的同事打算出去买份报纸。几分钟后，他的同事两手空空地回来了。汤姆问他买的报纸哪里去了，同事回答说没有买到。经过汤姆的询问，同事说出了买报纸的经过。

汤姆的同事走到对面的卖报亭，先是拿了一份报纸，然后递给卖报的人 10 英镑。谁知，卖报的人不但没有找钱，还把汤姆的同事拿到的报纸抽走了，并且大声对汤姆的同事叫嚷说自己大清早开张，不是专门为了给他找钱的。汤姆的同事据此认为这里的人全都是“傲慢无礼的家伙”，还说以后再也不让这里的任何人给他找 10 英镑面值的钱了。

汤姆听了同事的话，决定向同事证明这里的人并非傲慢无礼。他让同事在饭店门口看看他是如何买报的。当汤姆来到卖报人的面前时，他礼貌地对卖报的人说：“先生，非常抱歉，我是个外地人，很需要一份《泰晤士报》。但是我只有一张 10 英镑的钱，不知道您是否愿意帮帮我呢？”卖报的人毫不犹豫地递给汤姆一份报纸，并且对他说：“拿去吧，等你找开钱再把报钱送来！”

课堂收获

大多数人都希望自己和对方的合作是令人愉快的。礼仪是与他人交往的平等性规则。由于一个不同的利益而破坏礼仪对谈判双方都是有害无益的。哈佛大学的老师认为，有礼貌的谈判可以使谈判气氛融洽，给对方留下好的印象，不管有没有达成协议，对方都有可能在将来继续合作。

学会掌握对手的反应，迅速采取行动

信息的总效果＝7%的书面语＋38%的音调＋55%的面部表情。

——阿尔·伯特梅拉毕安

某公司的一位业务领导与进入公司不到三年的年轻下属一起去喝酒。喝酒期间，该公司领导发出了一些这样的感叹，他说自己平时业务繁忙，没有办法与下属进行有效的沟通。于是，他趁机又告诉下属很多推销须知和开展工作的方法。领导发表完感叹之后，心中感到十分得意。他认为这样做就能弥补平日里与下属缺少沟通的不足，免除平日里怠慢下属的愧疚。

第二天上午，那位年轻的下属却向上司提交辞呈。领导看到下属的辞呈，感到十分惊讶和愤怒："你昨晚为什么不和我说？简直搞不清楚现在的年轻人到底在想什么。"事实上，虽然这位领导在与下属沟通的过程中，自以为做了很多，却忘了掌握下属的反应。当时下属也曾吞吞吐吐地尝试向他表明辞职的意愿："是这样的……""我……""那么，我……"但因为领导忽略了下属的反应，只是自顾自地说话。下属无奈之下只好暂时打消说明的意图。

课堂收获

谈判双方在进行沟通的过程中，常常会有一些反应。这些反应或者由言语表达出来，或者由表情和动作显现出来。哈佛大学的老师提醒谈判者，在与对手沟通的过程中，一定要敏锐观察对手的反应，并将反应所得的结果用于沟通中。因此，谈判者要学会从对手的言行举止中掌握对手的反应，一旦掌握了对手的反应，便可掌握对手的心理，并迅速地采取必要的行动。

消磨对手的意志，削弱对手的力量

意志坚强的人能把世界放在手中像泥块一样任意揉捏。

——歌德

20世纪80年代末，硅谷某家电子公司研制出一种新型集成电路。当时，该电子公司已经是负债累累，随时都面临着破产的危机。因此，这种新型的集成电路能否被赏识成为挽救公司危机的最后希望。然而，该集成电路的先进性还没有被公众所理解。幸运的是，这种新型的集成电路得到了欧洲一家公司的青睐。该公司专门派出三名代表前来硅谷洽谈转让事宜。

欧洲公司的诚意很大，但是他们最初的报价只有新型电路研制费的三分之二。听到欧洲公司的报价，电子公司的谈判代表站起来说："先生们，今天就先谈到这儿吧！"从开始谈判到结束谈判，仅仅持续了三分钟。谁知，欧洲公司的代表当天下午就要求重新开始谈判。这次，欧洲公司的谈判代表的态度明显好转，充分体现了合作的诚意。经过谈判，该电子公司新型电路的专利权以一个较高的价格转让给了欧洲公司。

事后，硅谷电子公司的谈判代表总结当时的谈判，明确指出他们之所以敢于结束谈判，就是因为料到欧洲公司的谈判代表飞了几千里来谈判，决不会轻易放弃。因为料到了这一点，硅谷公司的谈判代表在刚开始谈判时，就敢于中断谈判，目的就是消磨欧洲公司谈判代表的意志，打消对方的不合理幻想。

课堂收获

哈佛大学的老师认为，消磨对手的意志常用的方法是拖延战术。谈判者突然中止谈判，不答复对手的要求或者对对手的要求答复得总是含糊不清，都是运用拖延战术给对手施加压力，进而消磨对手的意志。但是，哈佛大学的老师提醒谈判者运用拖延战术给对手施加压力时，要立足于两个前提：一是压力要强到让对手充分了解到己方的决心绝不会动摇；二是谈判者给予对手的压力不要超过对手意志的承受力。

满足对手的自尊心，化敌为友

现实生活中有些人之所以会出现交际障碍，就是因为他们不懂得一个重要的原则：让他人感到自己的重要。

——戴尔·卡耐基

纽约有家电话公司曾经遇到一桩麻烦事。因为一位苛刻的客户对电话公司接线员的服务感到不满意，就拒绝电话公司要求其付电话费的要求。这位客户声称电话公司要求其付的费用很难与他所享受到的服务保持对等，他愤怒地宣称要将电话线连根拔掉，并且向有关方面申诉，为自己讨一个说法。

为了解决客户与电话公司的矛盾，电话公司派出一名调解员前去见那位难缠的客户。客户见到电话公司派来的调解员就牢骚满腹，不断地向调解员表达着自己的愤怒之情。面对客户的抱怨，调解员只是静静地听着，不时附和两句“是的”，并对客户的不满表示同情。一连三次，调解员一见到客户就要面对他的不断抱怨，但调解员从没有表现出不耐烦，而是耐心地听着客户的抱怨，并向客户表达自己的同情。等到第四次见面时，调解员听到客户准备成立一个“电话用户保障协会”，就不失时机地表示赞同，还说自己一定会成为该协会的会员。难缠的客户见调解员的态度如此友好，也改善了自己的态度。不仅如此，经过前三次的抱怨和倾听，第四次见面时，双方已经熟了，甚至化敌为友。最终经过谈判，调解员顺利地达成了己方的谈判目的。难缠的客户不仅交清了该付的电话费用，还主动撤销了有关方面的申诉。

课堂收获

难缠的客户在与电话公司的交涉中所需要的只是一种被尊重的感觉。当调解员耐心地倾听他的抱怨，他的自尊心得到了满足，感到自己受到了尊重，之后双方再进行谈判当然就顺利得多。自尊心强的人往往具有很大的自信心，这种人在谈判场合中总会觉得自己是与众不同的。哈佛大学的老师认为，对待这种谈判对手，首先要做到的是打动对方的心，满足对方的自尊心。经过这样的过程，双方更容易化敌为友，谈判自然更容易进行。

运用对方心理力量，战胜自我心理压力

我们都在谈判，但仍对此有恐惧感。这种恐惧感会使我们逆来顺受和阿谀奉承，最终可能达不到目标，或者行事激进、愤怒，令谈判破裂。其实，人人都能学会谈判，所需要的是理解人类心理和开放思维。在谈判中，你需要聆听和尊重他人，而不需要表现得难以对付。

——美国励志电影《甜心先生》

美国著名作家马克·吐温在作品《傻子出国记》中以诙谐和夸张的手法描述了一个精彩的谈判故事，故事采用第一人称来描述：

在轮船抵达直布罗陀后，我、谭和船上的外科大夫上岸去附近的小百货店购买当地出产的羊皮手套。卖羊皮手套的是位非常漂亮的小姐，她递给我一副蓝色的手套。我不想要蓝色的手套。漂亮的小姐就说我戴蓝色的手套很好看。听到漂亮小姐的夸奖，我也开始觉得戴蓝色的手套很好看。我用左手戴上手套试试，觉得手套的尺寸太小。谁知漂亮的小姐却说我戴上刚刚好。我虽然心里也知道手套确实小，但听到漂亮小姐的话还是觉得很高兴。我用力地想戴上手套，却没戴上。漂亮小姐也看到了，她却说：“我想你一定戴惯了羊皮手套，不像其他人那样戴起来笨手笨脚的。”我怎么也没有想到她看到我没有戴上手套，还能说出这样的恭维话。为此，我不得不用力地去戴手套。谁知，用力过度，手套从拇指根部一直裂到手掌心去了，我还拼命想遮掩裂缝。

看到我的做法，漂亮的小姐还是一味地说些赞美的话。虽然手套背上开了口，指节那里的羊皮也破裂了，整个手套看上去就像一堆破烂，但漂亮小姐只是夸我戴手套很有经验，手套很适合我。就这样，在漂亮小姐的夸奖中，我再也没有勇气把手套换回去，说出拒绝购买手套的话。再加上谭和船上的外科大夫都兴致勃勃地看着我，我只好假装开心地说：“这副手套我戴起来刚刚好，我很喜欢这副手套。但是店里头太热了，我还是出去戴吧。”然后，我付了钱，潇洒地走出了手套店。等转过一条街，我将刚买的羊皮手套扔进了垃圾筒。

课堂收获

人类的行为中包含着复杂的心理与情感因素，体现为理性与情感的统一结合。哈佛大学的老师认为，谈判是人与人之间的较量，其间充满了心理与情感的对抗。他们为谈判者认真分析谈判对手在长期的生活和工作中形成的心理素质特点，进而从中发现对手的心理发展趋势。他们还建议谈判者仔细分析和研究对手面对客观事物时所产生的心理反应和变化，从中判断对手的心理变化，揣测谈判对手可能采取的下一步行动。总的来说，哈佛大学的老师强调的是运用谈判对手的心理力量，来战胜自我心理的压力，进而赢得谈判。

探测对方虚实，方能不脱离谈判目标

有效的沟通取决于沟通者对话题的充分掌握，而非措辞的甜美。

——葛洛夫

1943年，英美盟军遭到号称“沙漠之狐”的德军陆军元帅隆美尔的反击，双方展开了一场大规模的决战，英美盟军惨败，损失惨重，陷入了困境。美国当局为了重振军威，摆脱困境，就派乔治·巴顿将军前去担任第二军的司令官，他们把扭转战局的希望寄托在巴顿将军身上。

年逾五十的巴顿将军，斗志昂扬，一上任就整顿军纪，制订了严格的作战计划。经过巴顿将军的整顿，第二特种部队成为一支纪律严明、骁勇善战的部队。他部下的官兵一扫之前悲观畏战的情绪，作战情绪高昂。有了骁勇善战的军队，巴顿将军开始在双方的战略部署上下功夫。在与隆美尔将军的决战到来之前，巴顿将军夜以继日地苦读隆美尔的一本军事论述，他特别注重隆美尔将军关于装甲部队部署方式的论述。当巴顿将军率领第二军和隆美尔带领的德军决战时，隆美尔所使用的作战方式正是其在著作中提及的战术。由于巴顿将军事先熟知隆美尔的战术，在战争中赢得了先机，最终击败了德军。经此一役，英美盟军乘胜追击，把残兵败将赶出了非洲战场，英美盟军也摆脱了困境，战局一下子转向英美盟军一方。

课堂收获

哈佛大学的老师指出谈判是一场微妙的心理战。为了不脱离谈判目标，谈判者事先一定要多方探查对方的虚实，从中找出对方的意图，并迅速做出有效的谈判对策。哈佛大学的老师建议谈判者一定要在谈判前就确定好赢得目标的底线，尤其是要确定好己方所能接受的最低条件。一旦底线确定好之后，谈判者就不要轻易改变，即使是面对重重压力，谈判者也要坚守底线，绝不动摇。

巧妙借用群众力量

人们在一起可以做出单独一个人所不能做出的事业：智慧、双手、力量结合在一起，几乎是万能的。

——韦伯斯特

美国著名谈判专家赫布·科恩曾在一家房地产公司做法定合约签收工作。人们在确定合同无误后就来到赫布·科恩那里签订买卖合同或者租借合同。大部分人在没有看合同详细内容的情况下就签字交押金。但也有极少数的人会想要在签字之前看看合同，因为他们觉得这是法律赋予他们的权利，每当遇到这种情况，赫布·科恩总是毫不犹豫地赞同客户的想法。有的人看合同看到一半时，就会对合同产生质疑："按这个契约上所说的，为什么我在租借期内总是在尽义务。"这时，赫布·科恩就会回答对方："这是一份标准合约，你看左下角有一个通用的合同编号。"听到赫布·科恩的回答，通常情况下，对合同有质疑的人都会说："这是个标准合约，这样的话……"在这种情况下，即使客户对合同有所质疑，最后也会签字，因为他们不得不向合同的通用编号屈服。虽然合同的通用编号只是几个打印出来的数字，但这些数字里面明显具有某种令人信服的力量。如果仍有客户对合同有质疑，赫布·科恩就会加上这样一句话："公证人不会同意你更改内容。"如此一来，就能完全打消客户的疑虑。因为契约一旦被冠上"公证人"的名号，所有的不合理看起来都有合理之处。因为没有人愿意质疑公证人的权威。然而，事实上，公证人甚至不知道他们会不会同意更改合同的内容。从谈判的角度来说，赫布·科恩只是借助了"公证人"这一群众力量，来达成谈判的目的。

课堂收获

谈判中，谈判各方都会利用别人的力量来影响谈判的结果。哈佛大学的老师教导谈判者说，如果仅仅靠自身的力量，往往很难得到谈判对手的认同。此时，谈判者就一定要借用群众的力量，让别人的力量为自己所用。因此，谈判者要善于利用一切可以利用的群众力量，比如说借用社会公众舆论的力量向谈判对手施加压力；借助社会群众的言论，驳斥谈判对手的话语；借助社会群众公认的法律条文等驳斥谈判对手的无理要求等。

第3章

谈判原则课
——坚守谈判的底线

双赢是最好的结局

创造性的结局是当你和买家离开谈判桌的时候，你们两人都觉得自己赢了。

——罗杰·道森

有一段时间，戴尔·卡耐基每个季度都会租用纽约一家饭店的舞厅举办十天的系列讲座。某个季度刚开始时，饭店突然给卡耐基来信，要求将原有的租金提高两倍。卡耐基不愿意支付两倍的租金，然而，举办系列讲座的票已经发出去了。无奈之下，卡耐基只好去和饭店经理谈判。

当卡耐基见到饭店经理时，他并没有怒气冲冲地指责饭店经理不讲信用，而是站在饭店经理的角度陈述了饭店提高租金这一行为的利弊。他先是对饭店经理说："我对你们的做法没有丝毫埋怨。作为饭店的经理，你的责任是为饭店谋取更大的利益。如果不这样的话，你可能会被解雇。因此，如果我处在你的位置的话，我可能也会提高租金。"接着，卡耐基请求饭店经理听听他关于提高租金利弊的说法，得到饭店经理的许可之后，卡耐基在一张纸的中间画了一条线，然后在左边写了"利"，右边写了"弊"，并在"利"的一边写下了"舞厅、供租用"。然后，卡耐基对饭店经理说："如果把空置的饭店舞厅出租给舞会或会议使用，随之而来的利润远比租给我举办系列讲座高得多。如果我一个季度中连续有 20 个晚上租你的舞厅，那么你就会失去一些极其有利可图的生意。"紧接着，卡耐基又向饭店经理说："现在，让我们来看看你提高租金的弊。首先，因为我付不起你要求的租金，我只好改在其他地方举办讲座，这样一来，你不但没有得到两倍的租金，还失去了原有的租金。其次，我的讲座能够吸引很多有知识和有文化的人，这对你来说是个很好的广告。反之，你就是花 5000 美元在报上登广告也不一定能吸引比我的讲座更多的人来饭店。"卡耐基把他所说的两项"弊"写在"弊"的一边，并把写有利弊的纸张交给饭店经理。然后，卡耐基建议饭店经理好好权衡一下利弊，再做出决定。

就在卡耐基和饭店经理谈判的第二天，卡耐基就收到饭店的信，通知他租金提高到原来的 1.5 倍，而不是两倍。就这样卡耐基在与饭店经理的谈判中，一句也没有提到自己的要求和利益，而是立足于双方的利益共赢，最终成功达到了自己的谈判目的。

课堂收获

谈判双方必然有不一致的利益，有时谈判双方的利益甚至是尖锐对立的。哈佛大学老师认为，如果谈判双方都只关注自身的利益，互不相让，谈判往往会陷入僵局。反之，谈判双方如果能本着双赢的立场，不仅可以打破谈判中的僵局，还有可能达成对双方都有利的协议，缔造双赢的谈判结果。

通过让步得到回报

当对方要求你做出一些小让步时，一定要记得要求对方给予回报。

——罗杰·道森

有个名叫杰克·威尔逊的人曾负责为谈判大师罗杰·道森制作录像带教程。杰克运用罗杰教他的谈判策略给自己省了数千美元。

有一天，杰克接到一家电视节目制作工作室的电话，他们在电话中征求杰克的意见，问他是否愿意去工作室帮忙，因为工作室的一位摄像师生病了。如果换作以前，杰克很可能爽快地答应对方，但这一次，杰克想到罗杰教的谈判策略，没有马上答应对方，而是告诉对方："如果我愿意帮忙的话，工作室能为我做些什么？"对方听到杰克的话，毫不犹豫地回答杰克："下次你使用我们的制作间时，如果你超时的话，我们可以考虑少收一些费用。"就这样，杰克运用大师教的谈判策略，通过简单的一句话，就为自己省了数千美元的费用，这是杰克之前从来都没有想过的事。

课堂收获

谈判过程中，如果你按照对方的要求做出一些让步，就要懂得索取回报。哈佛大学要求谈判者在索取回报时注意使用这种表达方式："如果我能够为你做这个，你会为我做什么呢？"这种索取回报的方式，让对方情感上更容易接受。因为，你是让对方提出建议，表面上给了对方更多的尊重权和自主权。只有这样索取回报的方式，才能让你获得更多的回报。

永远不要接受第一次报价

永远不要接受对方的第一次报价或还价。

——罗杰·道森

国际首席商业谈判大师罗杰·道森在南加州一家房地产公司担任总裁一职时，一位杂志广告推销员来向他推销杂志的广告空间。罗杰本身非常熟悉推销员所在的杂志社，他决定在杂志上刊登广告。当时广告推销员提出的报价是2000美元，这一报价在罗杰看来相当合理。然而，喜欢谈判的罗杰不由自主地运用自身具有的谈判技巧，把价格压到了800美元。然而，罗杰并没有立刻就答应在杂志上登广告，因为他觉得继续谈下去还有压价的空间。于是，罗杰对杂志广告推销员说，自己觉得报价不错，但他必须先征求管理委员会的意见，然后再给最后的答复。

罗杰等了几天，才给杂志广告推销员打电话。他在电话中对广告推销员说他原本以为管理委员会可以接受800美元的价格，最终却发现很难说服他们。同时，罗杰还说公司最近的预算情况让每个人都很头疼，因此，管理委员会给出了一个新的报价，但他觉得新的报价太低，不好意思告诉对方。广告推销员在电话中沉默了好长一段时间，才问罗杰管理委员会的报价是多少。罗杰回答对方说是500美元。没有想到的是，广告推销员没有任何异议就答应了新的报价。然而，就在广告推销员答应的那一瞬间，罗杰突然觉得自己有一种被骗的感觉。他觉得自己能把价格压得更低。

后来，罗杰在一次演讲中提到当年的事，那位杂志广告推销员也是演讲听众的一员。当他听完罗杰的演讲，来到罗杰的面前，罗杰以为广告推销员会臭骂自己，谁知推销员握着罗杰的手，微笑着向罗杰表示感谢，他说他以前与人交易时总是急着完成交易，完全没有想到他的着急会对客户产生什么影响，听过罗杰的演讲，他明白以后与人交易和谈判时再也不能那么着急了。

课堂收获

很多时候，如果你的对手答应了你的第一次报价，你不仅不会感到高兴，还会觉得自己原本可以做得更好。产生这种反应并不一定和价格有关，可能与对方答应你报价的方式有很大的关系。所以，谈判高手总是非常谨慎，不会轻易地接受对方的条件。

有时候，拒绝第一次报价并不是一件容易的事。特别是当谈判进行了相当长的一段时间，你开始想放弃的时候。如果这时对方突然提出报价，你往往会耐不住性子，迫不及待地接受对方的报价。哈佛谈判专家提醒你，发生这种情况时，你一定要记得告诫自己要谨慎，不要立刻答应对方的第一次报价。

让对方先开价

只有让买家先开价，你才能进行分割。

——罗杰·道森

布莱恩·爱波斯坦曾代表早期的披头士乐队谈判第一部电影的合同。当时，艺术家联合会计划拍摄一部关于青少年探险的电影，预计将投资3万美元。制片商为布莱恩·爱波斯坦提供的金额是25000美元和一部分利润。如果披头士乐队同意以代金券方式支付的话，艺术家联合会还愿意另外支付25%的利润。然而，艺术家联合会派出来和爱波斯坦谈判的人是一个谈判高手，他明知道艺术家联合会可以另外支付25%的利润，却不动声色，不仅没有亮出自己的底牌，还请布莱恩·爱波斯坦先开出价格。当时的布莱恩·爱波斯坦并不是十分了解行情，更不是个会狮子大开口的谈判者。就这样，布莱恩·爱波斯坦开出的价格是不少于7.5%。正是因为布莱恩·爱波斯坦开口报出的价格，让披头士乐队损失了几百万美元。

课堂收获

哈佛大学的老师总结了谈判的一条基本规则，那就是让谈判对手先出价。因为让谈判对手先出价，谈判者不仅可以防止谈判对手对你的价格进行分割，还可以对谈判对手的价格进行分割。对谈判对手的开价进行分割，即使折中，谈判者也往往能得到自己想要的东西。对谈判对手的开价进行分割时还需要遵循一条规则，那就是即使谈判对手的开价接近你的谈判目标，也要继续进行分割。

“钱”永远不是谈判的重点

如果你把金钱当成上帝，它便会像魔鬼一样折磨你。

——菲尔丁

一对夫妇在翻看杂志时，看到杂志的插页广告中有一座古董挂钟被用来当作背景。夫妇两人都认为这样的布置非常漂亮，两人研究之后，决定到古董店去看看有没有这样的钟，并且决定用不超过 500 美元的价格购买。经过三个月的寻找，夫妇两人终于在一个古董展示会场的参展商品中找到了与杂志上一模一样的挂钟。但是，夫妇两人也看到该挂钟上的标价是 750 美元。妻子想要放弃，丈夫觉得两人已经花了很长时间来寻找这座钟，不想轻易放弃，决定和售货员谈判。于是，丈夫鼓起勇气对售货员说：“我很清楚这些挂钟是准备在会场中卖的，也看到挂钟的标价是 750 美元及标签上的斑点，我想标价牌与挂钟是同一时代的古董吧？我不想讨价还价，250 美元，卖不卖？”出乎意料的是，售货员立马就同意了 250 美元的价格。

虽然说，丈夫以 250 美元的价格购得了挂钟，但是夫妇两人并没有太大的惊喜，他们的第一个反应是“为什么不出 150 美元呢？”他们又在心里想着挂钟肯定有什么问题。但无论挂钟有什么问题，拥有了挂钟的两人看到挂在走廊里的挂钟嘀嘀嗒嗒走得非常准确，却怎么也轻松不起来。他们每晚都要起床两三次，只因为他们觉得自己没有听到嘀嗒的钟声。这样的情形一再重复，他们的健康状况不断恶化。

丈夫在和售货员的交涉中，把价钱当作谈判的唯一重点和唯一目的。如果说这对夫妇所求的只是一个合理的价格，也没什么不妥。问题是，他们在价格之外，不知不觉中对挂钟也产生了更多的期待。因此，当他们把钱作为双方谈判的重点，并且被对方满足了自身的价格要求之后，并没有办法快乐起来。对这对夫妇而言，他们和售货员之间的谈判仅仅是钱的谈判，他们并没有在彼此的交谈中建立起信任。如果他们在谈判的过程中加入钱之外的其他因素，并且通过讨价还价建立起信任的关系，那么，夫妇两人即使以一个较高的价格购得挂钟，他们也可以觉得很快乐。

课堂收获

哈佛大学的老师认为，谈判的过程中，钱很重要，你可以时时刻刻想着钱，但你不能把钱作为谈判的重点。因此，即便谈判中不可避免地要谈到钱的问题，但哈佛大学的老师提醒谈判者永远都不要把谈判的重点放在该加多少钱或者该减多少钱上。如果谈判者不遵循这一谈判原则，不仅会形成剑拔弩张的谈判气氛，还会导致谈判的失败。因此，钱虽然重要，但绝对不是谈判的重点。

集中于当前的问题

谈判中，应该把精力集中于当前的问题，不要因为其他谈判人员的行为分散精力。

——罗杰·道森

谈判专家罗杰·道森的一位当事人曾经想要卖掉他的货栈，以便配置新的设施，扩大公司的规模。他在卖货栈时开出的价格是330万美元，但除了一个出90万美元的买主之外，再也没有人有买他货栈的意向。无奈之下，罗杰的当事人只好同意以90万美元的价格卖掉货栈。让他没有想到的是，买主在最后一刻竟然反悔，不想买货栈了。

几个星期后，罗杰当事人的一位朋友为他找来了一位肯出300万美元的买主。等到新买主来清点财产时，罗杰的当事人告诉买主，包括金属桌椅和壁橱在内的东西都是将要卖给买主的东西，但是木制桌椅不包括在内。买主当时也同意了罗杰当事人的说法，但事后却坚持说罗杰的当事人说过所有的桌椅都包含在内。罗杰的当事人听到买主的说法，十分愤怒。他觉得买主在指责他说谎，于是，双方争论不休，买卖差点就做不成了。

罗杰当事人的兄弟听到他们的争吵，就把罗杰的当事人拉到一边，对他说："之前，90万美元你都肯卖，现在买主出价300万美元，你却为了那些价值仅仅只有几千元的桌椅为难买主。"当事人听了兄弟的话，不再坚持之前的说法，很有风度地让了一步，把木制桌椅也痛快地给了买主。

课堂收获

谈判者在谈判过程中很容易被别人的行为所影响，不能集中于当前的主要问题上。哈佛大学的老师认为，真正懂得谈判的人不会因为对方的一些行为而忽略掉当前的主要问题，他们总是把精力集中于谈判的当前问题上，而不是其他事情。

很多谈判者之所以不能把精力集中于当前的问题上，最为重要的一个因素就是感情用事。有的谈判者因为感情上接受不了谈判对手的交流方式或者其他行为，注意力受到影响，没有办法把精力集中在谈判的问题上，导致了谈判的破裂。所以，谈判高手并不是因为比别人更聪明或者更厉害，而是因为他们把精力集中在问题本身上，没有感情用事。

做出让步时，幅度一定要小

千万不要因为对方要你报出“一口价”，或者是声称自己“不喜欢讨价还价”而一次让出所有的空间。

——罗杰·道森

谈判大师罗杰·道森曾讲过关于让步幅度大小的问题，他以卖二手车为例，说明谈判时让步幅度不仅要小，还要逐步减小让步幅度。二手车刚开始的报价是1.5万美元，卖主的心理底价是1.4万美元。所以价格谈判者的谈判空间是1000美元。如果你在谈判时每次让价250美元，你的对手会怎么想？虽然你的谈判对手不知道你会把价格降到多少，但他知道你每让一步，他就可以少付250美元，所以他会不断地要求你让步。因此，让步时幅度不仅要小，还不要做相同幅度的让步。

如果你第一次让价400美元，第二次让价600美元。然后，你对谈判对手说这已经是你的价格底线了，你再也不可能降1分钱的价。然而，在对手的眼中，你让价的幅度越来越高，他只会觉得你还会有让价的幅度，这样一来，谈判很难谈拢。如果你第一次让价的幅度是600美元，第二次让价的幅度是400美元，对手虽然觉得你让价的幅度越来越低，但无论是600美元还是400美元的让价幅度都太高，你的对手一定不会认为你再也不可能有任何让步的幅度。在这种情况下，他还会想要让你再做出比400美元稍低一些的让价幅度。可问题是，你总共只有1000美元的让价幅度，你不可能再让价也没有办法再让价。但如果你告诉对方你一点都不会再让步，对方会觉得你之前都让了那么多，现在一点都不让步，也太不讲情面。所以，谈判中让步的幅度一定不要太大，因为这很可能让你的谈判对手对你产生抵抗情绪。

课堂收获

哈佛大学的老师认为谈判桌上的让步是不可避免的，但让步并非是没有策略的。因为谈判关系着谈判双方自身利益的重大问题，如果谈判者仅仅是为了达到某种特定的预期目的，置对方的需要和利益于不顾，丝毫也不肯做出让步，结果必定是两败俱伤。哈佛大学的老师指出，谈判者做出的某些让步，看似违背了己方的需求，但却是谈判者为了长远的利益需要而抛弃眼前无关利益的谈判策略。从某种程度上来说，谈判者的让步能够达到缓和谈判紧张气氛的目的。

哈佛大学的老师还指出，谈判者在做出让步时，要尽量保持己方能够得到更多的利益。因此，如果让步必须是由己方做出，谈判者可以先在一些较小的问题上做出让步。不仅如此，谈判者在让步时，要让对方感到困难，让对方每争取一次让步都付出艰辛的努力。更为重要的是，谈判者的让步幅度不要太大，更不要做一些无谓的让步。

如果谈判者让步的幅度越来越大，谈判者永远都没有办法与对方达成交易。因为对方每次要求谈判者让步时，谈判者都会给他们一个更大的让步，这样一来，谈判者让步的方式就会让对方产生一种固定的心理期待，所以他们就会不停地要求谈判者再让步。

哈佛大学老师教给谈判者的最佳让步方式是在一开始时，首先答应做一些有利于谈判成功的合理让步，但在随后的让步中，让步的幅度不仅要小，还要逐步减少。这实际上是在告诉谈判对手，这些让步已经是你所能做出的最大让步了。

永远不要小看对手

对俯伏在你脚下乞怜的敌人，绝不可使他触及你的剑。

——欧洲格言

日本的一家上市企业和美国的一家新兴企业将要进行谈判。日本的企业虽是上市企业，却是一家旧财阀式的传统企业，他们派出的是一名五六十岁极富经验的谈判代表。美国的企业虽是新兴企业，但凭借着观念和技术上的优势，业绩连年上翻，已经成为美国著名的企业之一，他们派出的是两名不到四十岁的年轻代表。日本企业的谈判代表看到美国企业派出的是两名年轻的谈判代表，便有些轻视对方。等到双方开始谈判，日方的谈判代表不断地向美方的谈判代表说教："年轻人，应该多听听长辈的话""你们这些年轻人相当努力，不过，这种产品的价格……"因为日方的代表不断地说教，轻视美方的谈判代表，谈判自然没有办法顺利地进行下去，双方不得不早早地结束了谈判，交易自然也没有办法进行。

课堂收获

谈判中，最要不得的做法是小看谈判对手。哈佛大学的老师认为，小看谈判对手的做法不仅会让自己难以从对方的话中获得自己需要的信息，还可能招致对方的敌意，严重的还可导致谈判的破裂。

哈佛大学的老师教导谈判者永远都不小看谈判对手，需要做到以下两点：一是不因年轻而小看晚辈；二是不在谈判中抢话。首先，很多谈判者看到比自己年龄小的对手，就会觉得对方没有自己的经验丰富，不是自己的对手。这样一来，他们心底就会不自觉地放下警惕，失去了谈判时应有的警惕心，自然难以有效地应对对手。其次，谈判中常常会发生抢话的现象。然而，抢话不仅会打乱别人的思路，还会让自己忽略掉对方讲话中蕴含的信息。因为谈判者在抢话的同时，大脑的思维就发生了转移，不再专注于对手话语中的信息。同时，抢话还是一种不尊重对手的行为，因为他们往往急于纠正对手说话的错误，或者用自己的观点取代别人的观点，让对手对他们产生厌恶感。如此一来，谈判的气氛自然不会太过融洽。

善用最后通牒

最后通牒绝不是商务谈判的好办法，但是有时只能这样做。

——亚科什

艾柯卡是美国汽车界的传奇人物，当他接手管理濒临绝境的克莱斯勒公司后，觉得工人的工资必须得压低。首先，艾柯卡降低了高级职员的工资，降幅为10%，与此同时，他自己的年薪也由36万美元降到了10万美元。接下来，艾柯卡开始和工会就降低工资一事进行谈判。他对工会领导说："一个钟头17美元的活到处都有，一个钟头20美元的却一件也没有。你们如果聪明的话，就知道自己没有别的选择。"然而，工会并没有答应艾柯卡的条件，双方僵持不下，一直拖了一年。最后，艾柯卡迫于形势，向工会发出了最后通牒，他在一天晚上找到工会谈判委员，对他们说："你们明天早晨之前必须做出决定。如果你们不帮我的忙尽快做出决定，我明天上午就宣布公司破产。你们还有8个小时的时间可以考虑，你们好好想想怎么办吧！"最后，工会不得不答应了艾柯卡的要求。

课堂收获

最后通牒实际上是把谈判对手逼到一个没有其他选择余地的处境，往往以十分强硬的态度出现。哈佛大学的老师认为，不到万不得已时，谈判者绝对不要向对手发出最后通牒。如果最后通牒运用不当，可能会使得谈判中断。反之，最后通牒运用得当，则可能会给谈判带来新的突破。哈佛大学的老师提醒谈判者，在运用最后通牒之前一定要三思而后行。

遵循合作互利的谈判原则

谈判不是一场棋赛,不要求决出胜负;也不是一场战争,要将对方消灭或置于死地。相反,谈判是一项互惠的合作事业。

——尼尔伦伯格

波斯是美国纽约印刷工会领导，他以“经济谈判毫不让步”而在全国闻名。一次，波斯与报业主进行谈判，为了赢得谈判，他一味地采取强硬的态度，不顾客观情况，号召报业工人进行了两次罢工。最终，在波斯的强硬立场下，纽约的报业主不得不同意他所提出的全部要求。报社不仅同意大幅度地为印刷工人涨工资，还承诺不再采用自动化排版等先进技术，以此杜绝工人失业的情况。至此，以波斯为领导的纽约印刷工会可以说是获得了全面的胜利。

然而，随着波斯为首的工会的胜利，报业主一方却陷入了难以摆脱的困境。纽约的两家大报纸不得不合并，最终走向了倒闭。最后，纽约全市只剩下了一家晚报和两家晨报。如此一来，报业工人的失业情况更为严峻，数以千计的报业工人都失业了。因为以波斯为首的工会一方贪求谈判的彻底胜利，没有遵循合作互利的谈判原则，导致了工人和报业主双方实际利益的完全损失。

课堂收获

合作互利是谈判中必须遵循的重要原则，也是谈判的基本出发点。哈佛大学的老师建议谈判双方在谈判过程中遵循合作互利的原则，综合权衡和考虑双方的利益，找出最好的谈判方案。谈判过程中，难免会出现不同的意见和不同的观点，哈佛大学的老师提醒谈判者要本着合作互利的谈判原则，通过协商妥善解决分歧和冲突，而不是通过强硬和威胁的手段强迫对方接受己方的意见。如果谈判者采用强硬和威胁的手段，就违反了合作互利的谈判原则，这样的谈判是不会成功的。

坚持使用客观标准进行谈判

越是用公平原则、效率原则和科学标准解决具体问题，就越有可能最终达成明智而公平的一揽子协议。

——哈佛谈判项目研究报告

印度和美国关于海洋开采权的谈判中就运用了客观标准。当时，印度代表“第三世界”国家提出，要向那些在深海海床采矿的公司征收开发费，具体标准是每个采矿点征收6000万美元。美国对于印度的提议表示反对，认为不应该设立开发费。就这样，印度和美国各执己见，谁都不肯妥协。结果，谈判变成了双方意志的较量。

正当谈判僵持不下时，美国麻省理工学院开发的一套深海海床勘探经济模型被人们所注意，并且逐渐成为谈判双方都能接受的经济模型。他们认为该经济模型是客观的，为评估收费提案对勘探经济的影响提供了手段。当印度代表了解到，如果按照他们提出的开采协议，进行深海采矿的公司在开始盈利的前五年就要偿付如此高额的费用，公司根本没有办法进行矿产开发。于是，在接受了麻省理工学院所开发的深海海床勘探经济模型这一客观标准之后，印度的谈判代表宣布重新考虑自己的提议。另外，美国的谈判代表在接受同一客观标准的前提下，认识到征收一定的开发费有其经济合理性，于是，美国的谈判代表也考虑改变原先拒付任何开发费的立场。

最后，印度和美国经过长时间的谈判，达成了一项双方都觉得满意的临时协议。在整个谈判过程中，麻省理工学院的经济模型增加了协议达成的可能性，为双方提供了解决争端的更好方案。这一建立在客观标准基础上的方案既能吸引矿产公司来进行矿产开发，又能让世界各国获得可观的收益。更为重要的是，有了这样一个能够预测任何提案后果的客观模式，谈判双方都对协议的公平性和合理性没有怀疑。这不仅巩固了谈判者之间的关系，还使得谈判达成永久性协议变得不再困难。

课堂收获

哈佛谈判项目研究报告认为，不论谈判者多么善于调和谈判双方的利益，总要面对双方利益冲突这一残酷的现实。即便是立足于双赢的谈判战略也难以摆脱利益冲突的问题。基于意愿调和利益的代价而言，解决利益冲突的最佳方案是按照客观标准来进行谈判。这种谈判方法能够更好地解决谈判双方的利益冲突，使谈判双方愉快有效地达成明智的协议。不仅如此，谈判双方在达成协议的过程中总会做出一些反悔承诺的事，如果谈判中坚持使用客观标准，就能减少这种情况的发生。

谈判要着眼于潜在的共同利益

对立的立场背后既有共同利益，也有相互冲突的利益。

——哈佛谈判项目研究报告

美国约翰逊公司的研究开发部经理，从一家著名的公司购买了一台分析仪器。然而，使用了几个月后，一个价值不到 3 美元的零件坏了，约翰逊公司希望该公司能免费为他们调换一个零件。可是，该公司认为零件是因为约翰逊公司使用不当才坏掉的，因此不同意调换零件。此后，双方为这事谈判了很长时间，他们特别召集了几名高级工程师来研究寻找零件坏掉的原因。经过几位高级工程师的考察和验证，证实了零件坏掉的责任在于约翰逊公司。该公司取得了谈判的胜利，但是之后整整 20 年的时间里，约翰逊公司再也没有从这家公司购买过一个零件。约翰逊公司甚至告诫公司的职员，不管是采购什么物品，即使要多花一些采购费用，多跑一些路，也不要同这家公司有任何业务上的往来。

课堂收获

对立的立场背后不只有冲突的利益，还有潜在的共同的利益。因此，哈佛大学的老师建议谈判者在谈判时要着眼的是潜在的共同利益，而不是因为暂时的利益分歧失去潜在的长远利益。

谈判者通常会陷入这样一个误区，觉得既然对方的立场与己方相背离，那么他们的利益必定也与己方相冲突。如果谈判者想要保护己方的利益，就一定要想办法去攻击对方的利益。哈佛大学的老师认为，在大多数的谈判中，只要谈判者仔细地考虑立场背后的潜在利益，就能发现双方所拥有的潜在的长远利益远远大于双方相互对立的利益。换言之，谈判之所以能够达成协议，正是因为双方之间存在着潜在的长远利益。

客观公正，对事不对人

当你谈论某个问题时，请把问题同与你交谈的人分开。

——**哈佛谈判项目研究报告**

在一家由美国人投资经营的日本工厂中，因为劳资纠纷的问题，工人开始举行罢工。工人在开始罢工的六个星期之前就向资方提出了罢工的警告。最终，经过罢工，资方和工人之间达成了一致的谈判协议。当天的罢工结束后，工人主动打扫了罢工现场，清理了满地的烟头、纸屑等垃圾，使得罢工现场恢复了以往的整洁面貌。罢工结束后的第二天，工人还主动加班，自发完成了因之前罢工而拖延的工作进度。美国资方的一位经理没有办法理解工人的做法，就问其中的一位罢工工人。这位罢工工人的回答是这样的："我们对资方有些意见，要想让资方认识到我们是严肃对待这些意见的，唯一的办法就是举行罢工。但是我们知道公司也是我们的，我们不愿意让资方认为我们对公司没有忠诚性。"

课堂收获

这位工人的回答体现了谈判中的一项重要的基本原则——客观公正，对事不对人。谈判中有一种司空见惯的现象，一方的谈判者认为另一方关注的问题"不重要"，难以对达成谈判协议构成障碍，因此忽略了对方的问题。哈佛谈判项目研究报告指出，这是一种混淆人和问题的错误做法。正确的谈判做法是把人和问题分开，在谈判桌前亮出各自的想法，与对方进行讨论。只要谈判者能够做到态度坦率、诚恳，不从自己的角度出发指责对方，谈判中就能分清人和问题，认真倾听对方的真正意图，并与对方进行明确而有说服力的交流。这样一来，当谈判者想把想法告诉对方时，对方也能抱着分清人与问题的态度，愿意听取谈判者的想法。

算计好承诺和让步，再去承诺

缺乏适当的权衡，或是坚持次要目标而放弃了主要目标，或是妥协的代价过高都会在谈判中遭受不必要的损失。

——哈佛格言

威尔斯夫妇新购置了一套餐厅设备，原先的那套旧的餐厅设备用不上了，他们决定卖掉旧设备。于是，他们在报纸上登了广告，愿意以 3800 美元的价格出售旧设备。广告登了一星期，虽然有几个买主过来看过，但他们不是觉得设备太大就是觉得太小，或者觉得设备太旧。威尔斯夫妇越来越着急，就又登了一次广告。

这次，有位太太打来电话，她询问了设备的颜色后，说自己很喜欢威尔斯夫妇的这套设备。因为它和自己餐厅壁纸的颜色十分相配。威尔斯先生听了那位太太的说法，觉得这笔交易很有可能会成功。在那位太太前来看设备之前，威尔斯夫妇就开始讨论怎样和那位太太交易。威尔斯先生认为要将设备的价格定得高一些，最终，他们定下的价格是 3500 美元。威尔斯太太觉得 3000 美元的价格就可以了，因为她想尽快卖掉这套设备。

在威尔斯太太和对方见面不到十分钟的时间，她就面带胜利回来了，因为她如愿以偿地以 3500 美元的价格出售了设备。等到那对夫妇离开后，威尔斯先生问太太他们愿意出多少钱。威尔斯太太这时却十分懊恼，原来对方一开始就出价 3500 美元，威尔斯太太听到这个价格就脱口同意。事后，她才觉得如果没有脱口而出的承诺，她可能会得到更高的价格。

课堂收获

哈佛大学的老师认为，一项承诺其实就是一个让步。谈判桌上，当谈判者难以让对方做出让步时，就会要求对方做出一些承诺。一旦对方做出承诺，对方就没有办法再进行有力的讨价还价。因此，哈佛大学的老师提醒谈判者在谈判桌上一定要尽量地争取对方的承诺，但千万不要轻易对对方做出承诺。如果不得不做出承诺，就要事先算计好承诺和让步，把己方的每个承诺都计算在让步中，让对方为己方的让步付出相应的代价。

事先测析对方的谈判目标

只有弄清楚了客户的全部需求，也就是谈判目标，你在让步、还价过程中才能处于有利地位。

——哈佛格言

一位房地产商几年前在不被人们看好的一块地附近购买土地，建了几幢小型别墅。人们之所以不看好房地产商选中的地方，是因为人们普遍认为城市的发展方向是向北，而不是向南。然而，别墅所在的方向正是城市向南的发展方向，不仅如此，别墅距离公路太远了，甚至连条像样的柏油路都没有。于是，就连房地产商自己公司的职员也对老板选择的地皮抱怨连连，认为去他选择的地皮就像是去荒郊野外旅行一样。渐渐地，房地产商对自己选择的地皮也失去了投资信心。

一年半后，一个人找到该房地产商，并在聊天时无意中透露出愿意以房地产商开发这块地皮两倍的投资价格购买这块地产。这个人的理由是他喜欢那里远离城市的清静环境。房地产商并没有马上就答应，而是通过自己的关系四处打探消息。最终，他得到了好的消息。原来，在那些别墅的附近，已经规划了几个新的大型商、住两用的小区和几条高等级的道路。这样一来，房地产商的土地和房屋的升值空间一下子就大了许多 。

课堂收获

有时候，你的谈判对手之所以要与你进行谈判，他的目的也许并不只是表面上的那些。因此，谈判者在进行谈判之前就要多做一些思索，或者干脆问问自己，对方为什么要和自己进行谈判。哈佛大学的老师认为，测析出对方的谈判目标，谈判者就能够把握对方实现目标最有利的因素和最不利的因素，从而“避其主力、击其虚弱”，争取更好的谈判效果。

有限地妥协与让步

明智的妥协是一种适当的交换。为了达到主要目标，可以在次要目标上做适当的让步。

——哈佛格言

1808年，英国驻华盛顿的公使是大卫·厄斯金，因为他的妻子是美国人，所以，厄斯金在与美国的交往中十分懂得考虑美国人的利益。当时，厄斯金和美国通过谈判达成了一项协议：美国在商贸交易中对英国做出很大的让步，英国取消美国对法国进行贸易的禁令。然而，时任英国外交大臣的乔治·坎宁不满足美国所做出的让步，拒绝承认厄斯金和美国达成的谈判协议。同时，乔治还让外号“哥本哈根”的杰克逊取代厄斯金成为英国驻华盛顿的公使。杰克逊对坎宁的旨意严格奉行，想要迫使美国做出更大的让步。谁知，杰克逊的做法非但没有迫使美国做出任何让步，还让美国对英国无限度逼人让步的做法更为反感。最终，美国拒绝同杰克逊这位得寸进尺的英国公使有任何接触，并以强硬的态度回报了英国的做法。

课堂收获

哈佛大学的老师认为，谈判过程中的妥协和让步都是有限的，并且必须建立在双方自愿的基础上。让步是谈判者的手段，而获利才是谈判者的目的。没有哪个谈判者愿意只妥协而不竞争。因此，当谈判者想要让对方做出让步时，要切记两点：一是不要逼对方做出没有限度的让步；二是自己不做任何妥协。

谈判中控制好情绪

渴望成交的程度是谈判时的罩门。越想成交，就越处于弱势。相反地，越不轻易显示这种渴望，越容易取得有利的谈判地位。想成为谈判好手的入门规则，就是克服成交渴望，谈判中价值最高的就是情绪。

——吉姆·坎普

希拉里·莫迪是哈佛大学的一名教授，他学术有成，但由于各方面的原因，他离婚了。希拉里·莫迪最近几年来一直在哈佛商学院任教，而每一次，他都会把自己的亲身经历讲给他的学生们，让大家明白，控制情绪在任何时候都是重要的。

在希拉里·莫迪与他的太太离婚的那段日子里，他的情绪非常不好，整天焦头烂额。他对于自己太太的行为感到恼怒和痛恨，结果，当法官在判决赡养费等问题的时候，希拉里·莫迪就开始百般刁难了。

但是，这位法官可是一位经验丰富的老手，而且他居然和希拉里·莫迪是校友，于是他问道："我知道你不能谅解你的前妻。但是我请问你，你对于自己孩子的福利关心吗？"希拉里·莫迪说他当然关心了。"那么你是否对你前妻提供孩子良好照顾的能力表示怀疑呢？"希拉里·莫迪承认，他的前妻是一位非常能干的好母亲。

而法官紧接着说："让我给你看样东西吧。"他拿出了地方报纸的分类广告版，指出帮佣栏。"让我们假设你太太不在场，而你是一个工作者，所以你根本不能抽出时间照顾你的三个孩子，那么你就必须请一位保姆、厨子或者是管家。现在，请你把这些花费做一下统计。"希拉里·莫迪顿时语塞了。

原来，希拉里·莫迪从来没有想过这些事情。但是法官还没有完，他接着说："还有一件事。你是生意人，相信你非常清楚你付钱请人做事，也绝对不意味着他们一定会把事情做好。如果你的前妻能够承担这些工作的话，相信你就不用操心了。"

也就是在这一刻，希拉里·莫迪经过冷静的思考，同意了法院的判决，而且，他不仅没有觉得自己输了，反而觉得自己占了很大的便宜，进行了一项精明的交易。

课堂收获

相信大家都知道，我们的情绪是异常复杂和难以控制的，即便是那些经过了长期修炼的人，也难免会有生气、难过、高兴、恐惧等情绪化的时候。

哈佛大学要求所有的谈判人员，最基本的一点就是控制好自己的情绪，特别是在商业谈判过程中。而哈佛认为管理情绪，其实就是如何抑制由于处于不利地位而容易产生的情绪化的表现，比如受挫、烦躁、气愤、沮丧等，管理情绪能够让自己更加冷静一些，更加理智一些，从而分清局势和自己的利益得失，促使谈判成功。

第4章

语言策略课
——唇枪舌剑，无人能敌

适当“沉默”也是一种策略

你开出自己的价格，然后沉默，买主可能会表示同意。所以在你弄清他会不会接受你的建议之前就表态是很愚蠢的。

——罗杰·道森

两个销售商坐在一张圆形会议桌旁。年轻的销售商想从年老的销售商那里买一块地，但他开出价格后就不再说话了。年老的销售商看到年轻的销售商不说话，自己也跟着沉默起来。双方都知道是怎么一回事，谁也不愿意先让步开口说话。于是，两个意志坚强的人就这样都沉默起来，谈判桌上一片死寂。

双方沉默了好长一段时间后，年老的销售商开始打破僵局，他在一张便签上写了“决宁”两个字递给年轻的销售商，那两个字写得十分潦草，实际上，年老的销售商应该写的是“决定”，但他故意把“决定”写成“决宁”。年轻的销售商看到年老销售商递过来的便签，再也没有办法保持沉默了。他说道：“你写错了一个字。”年轻的销售商一打破沉默，就再也合不上话匣子。他接着说：“如果你不愿意接受我开出的价格，那么我愿意再涨 2000 美元，但这是我所能出的最高价格了。”就这样，年轻的销售商因为感受到沉默的压力，在没有搞清楚年老的销售商是否能接受自己的报价之前，就先改了自己的报价。

课堂收获

哈佛大学的老师讲道：“沉默，一言不发，买主就可能会对你做出让步。这是谈判中的沉默策略。一般情况下，你开出自己的价格，然后沉默，往往就能给谈判对手造成一定的压力，使得谈判对手同意你的价格。相反，如果你在还没有弄清楚谈判对手是否能接受你的建议之前就先表态，无疑是愚蠢的谈判方式。”

高明的谈判者会这样回答谈判对手的意见：“对不起，你还是出个更加合适的价格吧。”然后就保持沉默。面对沉默，谈判对手有时会因为压力而先回应你：“那多少价格才更合适呢？”如此一来，谈判对手就被你挤到一个更为具体的位置，你也在某种程度上掌握了谈判的主动权。

成为一个善于倾听的人

商业会谈并没有特别的秘诀，最重要的是学会如何倾听对方说话。

——戴尔·卡耐基

美国著名的谈判高手考温非常重视倾听。当他还是一名推销员的时候，他到一家工厂去谈判。作为一个善于倾听的人，这次他提前到了工厂，并与工厂的领班聊开了。这位领班在与考温的聊天中说："我用过很多公司的产品，但是只有你们公司的产品符合我们的规格和标准。"后来，他们在边走边聊中，领班又对考温说："这次谈判什么时候才会有结论呢？我们厂里的存货都快用完了。"考温集中注意力去倾听领班的话，并从领班的话中获取了极为重要的信息。

当考温与工厂的采购经理面对面谈判时，他之前从领班的讲话中获取的信息帮了大忙，他自然就获得了谈判的成功。

课堂收获

通过倾听，谈判者可以获得大量的谈判信息。哈佛大学老师认为，谈判过程中，各方谈判者都通过话语来表达自身的意见和观点，各种各样的谈判信息充斥其间。如果谈判者认识不到听的作用，便没有办法从各方谈判者的话语中获得有用的信息，甚至捕捉不到最基本的谈判信息，更别说和谈判对手进行有效的沟通了。如果谈判者懂得倾听的作用，认真地倾听对方的谈话，就能从中发现己方需要的信息，做到知己知彼。如此一来，谈判才有成功的把握。

吹毛求疵，迫使对手不断让步

聪明的买方在谈判时不会赞美产品的品质和适用度，懂得并善于运用挑毛病的谈判手法非常有利于价格上的谈判。

——哈佛格言

美国商务谈判学家罗切斯特有一次去买冰箱。营业员的报价是249.5美元，但罗切斯特通过吹毛求疵的方法，以不到200美元的价格买下了自己中意的冰箱。下面，我们来看看罗切斯特是如何运用吹毛求疵的方法，不断要求营业员在价格上做出让步的。

罗切斯特：“这种型号的冰箱颜色一共有多少种？可以给我看看样本吗？”

营业员：“一共有32种。这是样本，请你先看看。”

罗切斯特边看边问：“你们店里现货中有多少种颜色？”

营业员：“现货有20种颜色，请问你要哪种颜色？”

罗切斯特特意指着样本中没有的颜色说：“这种颜色很配我的厨房墙壁。”

营业员：“很抱歉，我们现在没有这种颜色的冰箱。”

罗切斯特：“其他的颜色和我的厨房颜色不协调。现在你们没有我想要的颜色，价格还那么高，如果再不便宜一点的话，我想我还是去其他商店看看有没有我要的颜色。”

营业员：“好吧，我给你算便宜一点。”

罗切斯特：“这台冰箱有点小毛病。毛病虽小，但冰箱外表有点小毛病，通常不都要打点折扣吗？”

罗切斯特又打开冰箱门问：“这冰箱附有制冷器吗？”

营业员回答说：“有！这个制冷器可以每天24小时制冰，每小时才花两美分的电费。”

罗切斯特：“我的孩子有哮喘病，医生提醒过，他绝对不能吃冰。你能帮助我把制冷器拆下来吗？”

营业员：“制冷器和整个制冷系统是连在一起的，没有办法拆下来。”

罗切斯特：“可是我根本不需要这个制冷器，如果我花钱把它买下来，将来还得付电费，这太不合理了。当然，如果价格能再低一些的话……”

就这样，罗切斯特通过吹毛求疵的方法，不断迫使营业员让步，最终以满意的价格购买了满意的冰箱。

课堂收获

吹毛求疵是一种讨价还价的高招。这种技巧通常被用来攻击对手，要求对方不断做出让步。经验老到的谈判者不会因为我们的真诚而做出丝毫的让步，吹毛求疵的方法是故意找碴儿，提出一大堆的问题和要求，甚至找出一些原本并不存在的问题。

拒绝对方同时要斟酌好补偿的策略

对等法则的精髓在于，谈判中，己方的每一个让步，哪怕再微小，也一定要求对方给予相应的补偿。而对方提出的每一个额外的要求，己方也一定要提出对等的响应。

——对等法则

美国人际关系大师卡耐基曾被一来头很大的人邀请去演讲。对方不仅来头大，与卡耐基的关系也非同一般。于情于理，卡耐基都不应该拒绝对方的请求。但是卡耐基的日程已经排满了，而且对方要求的演讲时间，正赶上卡耐基有一项没有办法推托或者延迟的重要活动。无奈之下，卡耐基只好在拒绝对方的同时先给予对方补偿，他是这样对对方说的："我很遗憾没有办法排出时间去演讲。× 先生在这方面的研究也很深，而且很会做演讲，说不定，他比我更适合去做这次演讲。"就这样，卡耐基在拒绝对方的同时也补偿了对方，不失为一种拒绝的妙法。

课堂收获

谈判中的拒绝并不意味着谈判的破裂，相反，拒绝只是拒绝对方的某些要求，并不是全面拒绝对方的所有要求。所以，谈判中的拒绝往往意味着其他方面讨价还价的可能性。有些谈判者面对老熟人、老朋友、老客户等谈判对手，没有办法拉下面子拒绝对方的不合理要求。基于这一点，哈佛大学的老师建议谈判者该拒绝时一定要拒绝，但在拒绝的同时要斟酌好补偿的策略，转移对方不满和失望的心理。

有技巧地称赞

赞美是一门艺术，过于夸张的赞美会让对方感到尴尬，失实或者不恰当的赞美则显得虚伪。因此，赞美不仅要真诚，更要善于发现一个人真正值得真诚赞美的地方。

——哈佛格言

某公司有一位会计叫罗斯，总是埋头苦干，工作非常认真，业务也很出色。但是，罗斯平时沉默寡言，较为害羞，当他在公开的场合进行讲话时，总是很怯场。因此，每次开会，罗斯的心里都是七上八下的。

有一次，公司要举行“上年度营业讨论会”，公司的总经理也将出席这次会议，本来这次会议将由财务部门的经理做说明报告，谁知会议举行的前几天，财务部门的经理因病住院了，于是，经理就让罗斯在会议上做报告。等到会议举行时，罗斯十分紧张，不仅脸色发红，连额头都渗出了汗。但是，罗斯的报告做得非常详细，他做报告的语调也十分适中，虽然没有刻意的雕琢，却给人留下了深刻的印象。可以说，罗斯的报告做得相当成功。

后来，会计部门的经理在开会时专门表扬了罗斯。他公开称赞罗斯：“会计罗斯表现得非常好，我希望大家能够仔细地听听罗斯的报告，他把数字运用得非常充分，讲话的条理也非常清楚，赢得了大家的一致好评，为我们财务部门争得了荣誉。”财务部门不仅仅只有罗斯一个会计，听了经理的表扬，大家都看着罗斯。害羞的罗斯不安地说：“不不不，我真的不行……”经理却继续说：“你不要太客气了，你的表现让大家刮目相看，值得大家学习，应该受到表扬。”于是，罗斯变得更加不安了。

课堂收获

像经理这样在众人面前称赞人，会让很多人感到不自在。被称赞的人会感到不安，没有被称赞的人会产生妒忌。哈佛大学的老师建议谈判者一定要懂得称赞的技巧，尤其是在公开的谈判场合称赞别人更要注意两点：一是谈判者的称赞是否会让被称赞者产生不必要的困扰，也就是是否会让被称赞者感到不安或者引起别人对被称赞者的妒忌；二是谈判者的称赞是否恰到好处、实事求是。

批评有方，让对方认识到自己的错误

批评是无益的，因为它把一个人置于守势，并且往往为了证明自己是对的而奋起反抗；批评是危险的，因为它会伤害一个人可贵的自尊心，引起他的怨恨。

——戴尔·卡耐基

有一年仲夏，玛斯公司的创始人玛斯先生去视察一家巧克力工厂。当天的天气十分炎热，当玛斯视察到三楼那几台最大的生产巧克力的机器时，立刻感到迎面扑来一股热浪。于是，玛斯问工厂经理为什么不安装空调，工厂的经理说没有安装空调的预算。玛斯当然明白这一点，但是他并没有直接和工厂经理讲道理，而是拨通了楼下维修车间的电话，要求维修工人将楼下经理办公室的所有东西都搬上来。然后，玛斯又对生产巧克力的工人说："如果不影响你们工作的话，就把经理的办公桌椅放在这台最大的巧克力机器旁。"听了玛斯的话，工厂经理明白，厂房里确实需要安装空调，而且越快越好。玛斯先生对工厂经理说："一旦完成了这项工作，你随时都可以搬回自己的办公室。"玛斯先生走后，那位工厂经理当天就解决了厂房里的空调安装问题。

课堂收获

哈佛大学的老师指出，"不要在众人面前批评别人"是谈判者必须坚守的语言策略。每个人都有自尊心和虚荣心，谈判者如果批评失当，就会引起当事人的敌对情绪。因此，一个成功的谈判者，会按照对方犯错误的轻重选择适当的批评方式。其中最为深入人心的批评方式，是想方设法让犯错误的人自觉自愿地认识到自己的错误。

巧妙“使诈”，进行反侦察

面对对方虚假信息的试探，需要给对方一个同样的假信息，以此为契机收集足够多的资讯，能够充分推翻他的观点。

——哈佛格言

一位建材经销商手中有一批钢材，该批钢材十分紧俏。当时，有家建筑公司十分需要建材经销商手中的这批钢材，但在双方的谈判中，该建筑公司巧妙地掩饰了己方需要这批钢材的意图，为的就是要把钢材的价格压低。因此，该建筑公司故意表示出对谈判成功与否毫不关心的态度，甚至放话说谈得成就谈，谈不成就算了。这时，建材经销商巧妙地“使诈”，进行反侦察，他主动对建筑公司的谈判代表说：“既然你们公司对于我们的谈判一点诚意也没有，那么我们也没有必要再浪费时间进行交涉了。还有几家建筑公司对我手中的这批钢材也十分感兴趣，我考虑将钢材卖给他们。”听了建材经销商的话，建筑公司再也没有办法装出一副无所谓的谈判态度，马上以非常诚恳的姿态和建材经营商进行谈判。不久，双方就达成了圆满的谈判协议。

课堂收获

哈佛大学的老师认为，有些谈判者在谈判过程中总能把己方的谈判意图遮掩得非常严密，让人没有办法探听虚实。面对这种情况，哈佛大学的老师建议谈判者巧妙“使诈”，运用反侦察的方法来瓦解对方的严密防御。

别让无意识的口头禅破坏你的谈判功力

读书使一个人变得丰富，言谈则让人更加敏捷。

——培根

某公司业务部的经理十分能干。因为平日工作繁忙，他并没有特别多的时间指导手下的职员。但是，他经常和蔼而热忱地对手下的职员说："如果你们有不懂的地方尽管来问我，我会竭尽全力地帮助你们。你们有什么意见也都不要客气，直接跟我说，我们大家一起讨论。"但是，不管业务经理怎么说，他手下的职员很少向他请教问题，也很少提出意见。刚开始时，业务经理觉得职员们的领悟能力高，没有问题可问。可随着时间的流逝，他觉得有点纳闷，难道手下的职员一点问题都没有？或者是他们怕打扰我？他又想到，是不是自己让下属提意见的态度不够诚恳？但转念一想，自己一直是真心诚意地让下属提意见和问问题的。于是，经理百思不得其解，不知道究竟是哪里出现了问题。

有一天，经理看到一名下属向另一名下属请教问题，但另一位下属也不太明白。经理心里想，这下得我出马了。于是，经理热情地对下属说："有什么不懂的吗？我来看看！"谁知，两名下属彼此看了看，都不说话了。经理生气地说："我不是常说有问题可以问我吗，你们还在犹豫什么？"下属互相看了下，最后做了决定般地说："我们没有什么问题要问经理的。"

后来，经理跟一名关系好的朋友说了这件事，朋友想了想，觉得问题可能出在经理的口头禅上。原来，经理有句口头禅是："连这个都不懂。"那些向他请教问题的人经常听到他的这句口头禅。因此，当问完问题后，大家总是觉得不安和烦躁，丝毫没有解决问题的快感。久而久之，大家都不愿意去问经理问题了。

经理发现了自己的口头禅问题后，便十分注意。当他给大家解决问题时，总会注意不带出这句口头禅。有时，不经意间带出来了，就马上解释清楚。久而久之，经理的口头禅也就戒掉了，公司的职员也很乐意和他共同探讨问题，彼此之间的关系也变得十分融洽。

课堂收获

口头禅是人们无意中说出来的，大部分情况下并非说者的本意，但是有些口头禅却能造成不好的影响。哈佛大学的老师认为，谈判者如果总是带着口头禅，就会让对方对谈判者的能力产生怀疑。他们建议谈判者在谈判中要时刻注意不要说出口头禅。

仔细考虑开场白，营造积极的氛围

如果谈判能在积极、轻松的良好氛围中进行，无疑会有事半功倍的效果。聪明的谈判者在谈判开始的时候一般不会涉及谈判的主题，而是利用巧妙的寒暄和真诚的赞美作为开场白，营造一个良好的谈判氛围。

——哈佛谈判法则

南美拉尔公司要搬迁，不得不出售公司原先拥有的50英亩的房地产。华西特公司因为公司业务扩展而需要再建新的商场，他们看中了南美拉尔公司的地皮。为此，南美拉尔公司和华西特公司的代表开始坐在谈判桌前进行讨价还价。詹姆斯是华西特公司的谈判代表，他的谈判开场陈述如下：

“女士们、先生们，我代表华西特公司首先阐明我们的立场，我们公司对贵公司的地皮很感兴趣。我们打算拆掉这块土地上原有的建筑，然后在这块地上盖起新的商场。关于这一点，我们已经征询过规划局的意见，相信他们会同意的。所以目前最为关键的问题是时间，也就是说我们要在最短的时间内达成谈判协议。为此，我们准备简化正常的法律和调查程序。虽然我们之前没有打过交道，但是据朋友们讲，贵公司一向都是极富合作性的。这就是本方的立场，我是否说得清楚明白？”

詹姆斯的这番开场陈述既简单又扼要，清楚明白地阐释了己方的立场和根本利益，使得南美拉尔公司的谈判代表深刻地感受到了华西特公司的诚意和积极态度，双方就在这种积极的氛围中进行谈判。最终，谈判代表在最短的时间内达成了双方都满意的协议。

课堂收获

哈佛大学的老师认为，谈判者的开场白包括己方对问题的理解、己方的立场和己方的利益。谈判者在谈判之前首先要斟酌好如何带出这几方面的开场内容，使得己方的开场白既简明扼要又不失客观翔实。同时，他们还建议谈判者用一种轻松和诚意十足的态度带出开场白，为整个谈判营造积极的氛围。

巧妙应答，缓解冲突

如果对方情绪激动，那么请鼓励并引导这种情绪发泄，这个过程中他的防守最为薄弱，你也能得到更多的信息。

——哈佛格言

肯特先生看到对方送货太迟，就向推销员大发脾气：“现在才把货送来，我的老主顾因为买不到货都去别家买了，你知道我因此亏了多少钱吗？”

推销员很聪明，看到肯特先生发火，立即向肯特先生道歉：“肯特先生，我很抱歉，我们送货太慢了。我很了解你的心情，如果是我，我也会发火。”道完歉后，推销员又问肯特先生，这次的货送慢了多久？损失了多少钱？以后再有送货推迟的情况该怎么处理？随着双方的交流，肯特先生的怒气慢慢地消失了，推销员又请肯特先生回想下以前是否有送货推迟的情况。

肯特先生仔细想了下，发觉对方以前都是按期送货，只有这一次送货迟了。于是，肯特先生也为之前发脾气的事感到不好意思。这时，聪明的推销员才向肯特先生解释这次送货慢的原因，原来是因为制造商没有按期交货，所以他们作为批发商才没有货可以送，才不得不延迟了送货期限。同时，推销员也向肯特先生保证，这样的情况很特殊，以后不会再发生了。肯特先生看到推销员的态度十分诚恳，再加上这次过失并不完全是推销员一方的错误，也就不再生气了，双方的冲突也就缓解了。

课堂收获

推销员通过巧妙的应答，缓解了双方的冲突。哈佛大学的老师认为，谈判中的冲突揭示了谈判双方利益的差别。有着利益冲突的谈判并不一定会导致令人不愉快或者是坏结果的谈判协议。他们认为如果谈判双方机智巧妙地应答能够让双方更加清楚地认清双方的利益结构，进而改善关系，缓和谈判中的利益冲突。

巧用假设式发问技巧，出奇制胜

谈判中双方都想让对方多说话，办法可能有很多，巧妙地提出问题是一个打破冰封的好方法。

——哈佛格言

华盛顿的家里丢了一匹马，经过调查，他知道是邻居偷走了马。于是，华盛顿就和一位警官前去索要丢失的马。邻居当然不肯承认是自己偷走了华盛顿家里的马，狡辩马是自家的。双方僵持不下时，华盛顿走上前去用双手捂住马的眼睛，然后对邻居说：“请你告诉我，你的马哪只眼睛瞎了？”邻居回答说是右眼。华盛顿听完后，就放开捂着马右眼的手，发现马的右眼并没有瞎。于是邻居争辩说自己说错了，马的左眼才是瞎的。华盛顿又放开捂着马的左眼的手，他们发现马的左眼也没有瞎。邻居还想狡辩说自己说错了，警官看到这种情况，已经完全明白是怎么一回事，对邻居说：“你的确错了。事实证明马不是你的，你必须尽快把马还给华盛顿先生。”

课堂收获

华盛顿的问话“马的哪只眼睛是瞎的”中隐含着这样一种假设：这匹马有一只瞎了的眼睛。邻居一不小心就踏进了华盛顿的问话陷阱，乱猜一通，当然会自露马脚。哈佛大学的老师认为华盛顿这种假设式发问，往往能使被问者麻痹大意，轻易就范。因此，他们建议谈判者在谈判过程中可以根据具体的情况，设计和使用假设式发问技巧，达到出奇制胜的效果。

知道何时说“不”

没听完客户的想法前，不要和客户讨论、争辩细节问题；当客户所说的事情对你的推销可能不利时，也不要立刻反驳。

——哈佛格言

一位非常懂得把握说“不”的时机的房地产商代表另一名房地产商进行出租房地产的谈判。律师代表的房地产商开发的房产地理位置比较好，已经被装修成写字楼准备招租。当时，有两家实力雄厚的大公司都对房地产商的写字楼很有兴趣。因为，两家公司都想把公司搬到一个地理位置优越、装修比较好的地方，以便壮大企业的声威，树立良好的企业形象。

律师了解了情况后，就先给其中的一家公司负责人打电话：“经理先生，我的委托人经过考虑，决定不做这次招租生意了，希望我们有下一次的合作机会。”然后，律师又给另一家公司的负责人打电话，并说了同样的内容。

听了律师的话，两家公司的负责人同时来找律师进行谈判。最终，经过一番讨价还价，两家公司用原来准备租用8层写字楼的价码分别租用了4层写字楼。如此一来，房地产商的净收入增加了一倍。

课堂收获

哈佛大学的老师认为，谈判者不仅要敢于说“不”，更要懂得何时说“不”。如果谈判者能够把握好说“不”的时机，就能增加己方的谈判筹码，最终赢得对己方更有利的谈判协议。

第 5 章

关键力量课
——凝聚力量，战胜对手

正确看待谈判中的风险

作为一名谈判者，你要具有冒险精神，要从自己固有的老习惯、老套路中解放出来。

——赫布·科恩

电影《克莱默夫妇》中，达斯汀·霍夫曼饰演了一位名叫泰德·克莱默的年轻父亲，他和妻子离婚了，两人都想要得到孩子的监护权。

然而，就在监护权听证会召开的前夕，克莱默失去了广告公司的工作。这对他来说是一件糟糕的事，如果他没有在听证会之前找到工作，他在听证会上几乎没有胜算。于是，他在圣诞节时去了一家广告公司，把他之前的作品带去给那家公司的管理者看。广告公司的人告诉他，他们几天后会给他答复。克莱默听到广告公司的话后，马上开始收拾他的公文包，并对广告公司的人说："先生，你们看过我的作品了，你们知道我能胜任这份工作。我没有其他的要求，甚至愿意减薪。但我今天就要知道结果，如果你们真的想要雇用我，请你们现在就做出决定，今天就答复我。"

克莱默知道，如果他没有得到广告公司的工作，他很有可能失去孩子的监护权。但他也知道，他被广告公司当场聘用的概率很小。因此，他在与广告公司谈判时，冒险给了广告公司一个最后日期。克莱默知道这样做风险极大，但是这是他唯一的选择了。最终，克莱默的冒险有了回报，广告公司当天就决定聘用他。

课堂收获

谈判中包含着各种各样的不确定性和风险，哈佛大学对风险承担和谈判的研究表明，谈判者一定要正确地看待风险，必要时要有冒险的准备和勇气。哈佛大学的研究表明，如果谈判者希望对方马上做出对己方有利的决定，就必须冒险。这时，所谓的冒险就是让对方觉得如果他们没有马上做出决定，他们的损失概率为中等到很高，收益的概率很低。如此一来，对方就会高效率地评估，迅速做出决定。

注重自身的言行细节，展现谈判实力

人的面孔要比人的嘴巴说出来的东西更多、更有趣，因为嘴巴说出的只是人的思想，而面孔说出来的是思想的本质。

——叔本华

英国一家医疗机械厂与美国客商进行有关引进大输液管生产线的谈判，谈判的氛围一直都算融洽，双方的谈判意见也达成了一致，约定第二天举行签字仪式。

谈判结束后，英国医疗机械厂的厂长带领美国的客人参观他们的生产车间。其间，该厂厂长向墙角吐了一口痰，并用鞋底擦了擦。美国客人看到厂长的行为，毅然决然地停止签约。他们给厂长的信中写道：“请原谅我直言，从厂长的卫生习惯中可以看出工厂的管理素质。我们今后要生产的是能够用来治病的输液管，这是人命关天的大事。请原谅我们不能和你们签约。”就这样，原本可以顺利签约的谈判协议，因为厂长的一口痰毁掉了。

课堂收获

哈佛大学的老师指出，谈判人员的言谈举止十分重要。良好的谈判言行不仅是对自己的一种认可，更是对谈判对手的尊重，谈判者的言谈举止是谈判桌上信息交流和思想沟通的重要辅助工具。因此，哈佛大学的老师建议谈判者应该衣着整洁，谈吐有礼有节，举止从容大方，通过言行展示己方的谈判实力。

能施恩则施恩，发挥人情的强大力量

每一种恩惠都如一枚倒钩，它将钩住吞食那份恩惠的嘴巴，施恩者想把他拖到哪里就拖到哪里。

——堂恩

巴斯特被解雇后，自己开办起公司。但公司刚刚创立，根本就没有什么客户，巴斯特感到极度灰心。就在这时，巴斯特之前的公司经理里斯向他伸出了援手。里斯主动给巴斯特打电话，请他承接一项业务。在此之前，两人并没有特别亲密的关系，仅仅在社交场合谈过话。

里斯要求巴斯特制订出具体的计划和准备各种材料，并要求巴斯特去见他时带上账单。巴斯特感到十分奇怪，因为大多数人都希望他把账单寄过去。巴斯特觉得里斯可能是想要和他一起检查账单，于是，他又仔细地审核了财务报表才去见里斯。然而，里斯见到巴斯特后，甚至没有看账单，就马上叫秘书给他开了张支票。

就实力而言，巴斯特并不是这一带竞争力最强的代理人，但里斯不仅把这项业务给了巴斯特，还预付了所有的账款，因为里斯知道巴斯特目前的状况很艰难。里斯的这种施恩行为一直持续了很长时间，一直到他认为巴斯特的生意状况好到不需要帮助。用同样的办法，里斯帮助了许多处于困境中的人。即使里斯和巴斯特以及其他他帮助过的人多年都没有业务往来，但关键的时刻，那些受过里斯帮助的人都会尽力报答他。

课堂收获

哈佛大学的老师认为，两个彼此喜欢和信任的谈判者之间更容易达成谈判协议。如果谈判者能够不时地给那些需要帮助的人提供帮助，在别人需要时施以恩惠，关键时刻，就能凭借这种人情的强大力量赢得更有利于自己的谈判协议。

掌握语言，关键时刻化干戈为玉帛

“辩才”是一种将真理转化成语言的能力，而所使用的语言又能让聆听者完全理解。

——爱默生

有家面包店被消费者投诉，该消费者给报社写信，批评该面包店的面包分量不足，严重损害了消费者的利益。收到报社转来的投诉信，该面包店这样回复投诉人：“你在信中批评我们的面包分量不足，我们的面包的确存在着分量不准的现象。”该面包店的回信看似承认了消费者的投诉，但是却用“分量不准”来解答消费者“分量不足”的质疑，这种说法可以说是颇具水平。因为“分量不足”代表的是面包店故意欺骗顾客，然而“分量不准”代表的则是面包店工作上的疏忽，才有有时多给、有时少给的现象。因此，虽然分量不足和分量不准只有一字之差，却代表着两种不同的意义。面包店通过这种语言上的技巧，不仅维护了自己的形象，还为自己赢得了改进经营的机会。

课堂收获

哈佛大学的老师指出，语言艺术在谈判中能够起到化干戈为玉帛的作用。因此，他们认为语言表达技巧高的谈判者在谈判桌上往往更占优势。

释放信号，让对方拿主意

当对方的行为愈给我们一种“他在寻求这个问题共同解决方案的同时，仍然坚守其基本立场”的感觉时，我们愈觉得他的行为值得信赖，也愈觉得彼此可达成一个最好的协议。

——**哈佛格言**

通常情况下，一双崭新的旱冰鞋要300美元。有位零售商在街边摆摊，每双旱冰鞋的价钱是190美元。有个过路人看到零售商的售价是190美元，就以一种挑衅的口气说自己愿意出160美元的价格购买一双。商人听了过路人的话，毫不犹豫地拒绝了他的要求。

没过多久，零售商无意中听到过路的另一个男人对妻子说想给儿子买一双旱冰鞋。他还说自己刚经过一货摊，那里的旱冰鞋售价是130美元一双，他还问妻子是否还记得那个货摊在哪里。然后，这对夫妇就准备离开。突然间，两人好像刚注意到路边摊上出售旱冰鞋似的，于是，那个男人礼貌地询问零售商是否愿意卖130美元。接着，男人又说儿子非常想要一双旱冰鞋，但是他刚刚买了辆漂亮的汽车，没有太多的钱给儿子再买一双旱冰鞋。男人说了很多。最后，零售商和男人都笑了起来，商人嘴里尽管说着130美元赔本了，但他还是以130美元的价格将旱冰鞋卖给了那个男人。

课堂收获

哈佛大学的老师提醒谈判者应该把己方的信号释放出来，试探对方是否有成交的意向。不仅如此，他们还认为谈判者在释放出信号后，要留给对方一些适应己方谈判信号的时间，而不是毫不掩饰地把己方的目标展现在对方面前，否则的话，对方会拒绝接受谈判者释放出的信号。他们指出，谈判者最好先释放出信号，再让对方自己做出决定，而不是冒昧地帮对方拿主意。

第6章

心态修炼课
——积极乐观，吸取正能量

只要谈，谈判是能完成的

谈判无处不在，只要有心，你一定会成功。

——赫布·科恩

瓦伦蒂诺曾先后任职于几家医药公司。由于他的职业经验十分丰富，一家公司想要聘请他做公司的首席执行官。于是，瓦伦蒂诺请了一位律师，让律师代替自己与这家公司进行有关聘用合同的谈判。该名律师以能为客户争取到极具吸引力的聘用合同而出名，他的工作就是为客户争取最有利的聘用合同，包括薪金、股票期权、健康福利、优厚退职金等。这次谈判似乎对瓦伦蒂诺来说十分不利，因为他一点也不了解这家新公司以往的情况，再加上该公司谈判代表的手中掌握着其他适合首席执行官职位的人选资料、公司的财务以及债务方面的资料，瓦伦蒂诺觉得他几乎没有谈判优势。然而，他的律师却发现那家公司竟然让公司的法律顾问代表公司谈判，这无疑是一个致命的错误。谈判临近结束的时候，瓦伦蒂诺的律师已经有足够的把握能为瓦伦蒂诺争取到一份报酬很优厚的合同了。这时，他把瓦伦蒂诺拉到一边，对他说："从我开始谈判的第一天，我就知道我能够为你争取到一切想要的条件。现在谈判马上就要结束了，你也将要成为那个谈判代表的老板。他很清楚这一点，因此，他在任何事上都不会让你太为难。"

在这一场谈判中，公司即使派出了谈判代表，但因为谈判代表的法律顾问身份，使得公司本身具备的优势发生了变化。因为谈判中有一个重要的关系，那就是谈判的两个人是以老板和下属的关系为前提进行谈判的。法律顾问十分清楚这一点，除非他不想干了，否则，他就必须让未来的老板得到足够好的合同协议。如此一来，原本居于劣势地位的瓦伦蒂诺在谈判开始后就居于优势地位，而原本居于优势地位的法律顾问碍于身份所限，已经处于较为劣势的地位。

课堂收获

这个谈判故事告诉我们，只要有心想谈，没有谈不成的谈判。即使谈判之前，谈判双方的地位有着明显的优劣差别，但随着谈判被提上日程，曾经占据优势地位的人也可能居于相对劣势的地位，使得谈判的局面发生变化。哈佛大学的老师认为，谈判桌上风云变幻，上一刻的优势，也许在下一刻就会变成劣势。

谈判者必须具备自信的心理素质

一个人是否有成就，只要看他是否具有自尊心和自信心两个条件。

——苏格拉底

犹太人是举世公认的最懂得经商的民族之一，他们为人精明，有很多经商的秘诀。其中推销商品时的自信就是他们众多经商秘诀中的一条。

有两名叫布朗和史丹顿的犹太人在美国开了一家西门行销公司。有一天，史丹顿给远在日本的麦当劳公司社长藤田打电话，他对藤田说："美国的麦当劳公司已经采用我们开发的'浮现游戏法'五年了，这五年来美国麦当劳公司的业绩蒸蒸日上，贵店是否有意采用？"停顿了一会儿，史丹顿又对藤田说，"日本采用摇奖机决定中奖顾客的做法已经过时了，要想吸引更多的顾客，就应该采用新式的'浮现游戏法'。"按照史丹顿的说法，"浮现游戏法"极为简单，能让顾客尽情地享受，因此更受顾客的欢迎。听了史丹顿的说法，藤田很感兴趣，就想请史丹顿前往日本说明这种游戏方法。然而，史丹顿在电话中要求日本的麦当劳公司支付 10 万美元的演讲费，因为他觉得自己的演讲虽然只有两个小时，但是他所做的演讲是一种技术上的转让，10 万美元是他应得的报酬。藤田觉得两小时 10 万美元的费用太昂贵，因为按照当时日本的演讲行情，两个小时的演讲费在 30 万日元至 50 万日元之间，史丹顿所要的 10 万美元折合成日元就是 2400 万，这样算来，史丹顿 10 分钟的演讲费用就高达 200 万日元。于是，藤田想到美国的麦当劳总公司已经支付了史丹顿一笔演讲费用，他以日本和美国的麦当劳公司合作为由，拒绝支付 10 万美元的演讲费用。史丹顿也没有再在演讲费用的问题上坚持，同意免费前往日本演讲。

不久，史丹顿来到日本，给日本的麦当劳公司做了"浮现游戏法"的演讲，他自信地对藤田说："只要采用这种游戏法，一个月后的销售额会提高 16%。"听到史丹顿的说法，藤田认为提高 16% 的营业额十分不靠谱。然而，史丹顿却做出保证说："我可以保证使用一个月后的营业额一定会增加 16%，因为我敢做这样的保证，才会要求 10 万美元的演讲费。"随后，史丹顿给藤田算了一笔账，日本麦当劳每个月的销售额大约是 100 亿日元，增加 16% 的营业额后，除了牛肉和面包因为使用量的增加而需额外的费用外，其他的成本已经包含在 100 亿日元的营业额中，因此，增加的营业额中扣除牛肉和面包的费用，就是净利润了。藤田则能拥有 16 亿新增加的营业额中的六成，也就是 10 亿日元。算好这笔账后，史丹顿对藤田说："我把赚钱的技术教给你，你每个月就能多赚 10 亿日元，我只要 2400 万日元的演讲费用，这一点都不多啊！"听了史丹顿的话，藤田对犹太人敢于做出保证、极具自信的推销和谈判技巧深感佩服。

课堂收获

自信心是谈判者从事谈判活动必须具备的心理素质。只有具备了自信心，谈判者自身的价值才能得到充分的体现，潜能才能得到充分的发挥。哈佛大学的老师认为谈判者具有的自信心主要体现在五个方面：一是重视自身的价值，并能从别人的尊重中体现自身的价值；二是坚守自己的原则，即使面对外界的压力，也不退却；三是重视别人的权益；四是敢于表达自己的观点，让别人清楚地感受到自己所要表达的内容；五是勇敢面对外界的压力和嘲讽。

运用杠杆作用克服敌意

在许多情况下，双方的利益不一定都是对立的，如果把斗争的焦点由各方都要击败对方而转向双方共同击败存在的问题，那么最后双方就都能获得好处。

——安德烈

销售员安德烈毕业于哈佛大学商学院，他现在已经是美国有名的金牌销售员了，在2011年，他受母校哈佛大学的邀请，为商学院的毕业生们讲述了自己是如何成为金牌销售员的。

有一天，他来到了一家汽车销售公司进行拜访。原来，在去年，他把一套完整的公司管理系统卖给了这家公司，而这一次他准备去洽谈新的项目。

安德烈刚刚走进公司经理的办公室，没有想到得到的却是经理充满敌意的接待。此时的安德烈知道肯定是哪里出现了问题，于是耐心倾听。原来，是因为自己去年卖给公司的系统并没有提高管理效率、降低管理成本，反而还浪费了大量的时间和精力。

对于经理的这些抱怨，安德烈听完之后非常困惑，他要求经理允许他看一下公司的员工是怎么操作该系统的。

结果，安德烈没用多长时间就发现了问题。原来，这些机器要求顾客资料必须是人工输入到系统当中的，之后，公司的账目资料才能够通过键盘按键输入。

可是，公司的员工把输入顺序弄错了。

于是，安德烈当场就给总公司打了电话，解释问题出现的原委，他在得到公司允许之后，亲自在这家公司里面待了三天，帮助公司彻底解决了问题。

就这样，安德烈这一次不但成功推销掉了自己的另外几套系统，还与公司的经理成为了好朋友。

这一切，都是安德烈对他本身技术知识的自信使他产生强大谈判力量的结果。

课堂收获

哈佛大学的老师认为，作为一名谈判者，你完全可以理解对方的观点，但却不能完全同意。谈判者都希望自己的想法能够被对方理解，但是，对方的理解并不等于同意。因此，如果你不断地点头，或者是重复对方的观点，比如说，“你的意思是这样吗？”让对方先阐述自己的观点，努力去了解对方的想法、需要和条件。那么这样一来，对方不仅不会责怪你，反而会逐渐感到满意和被理解，从而对于你所提出的观点也会表示理解。一个聪明的谈判者首先要懂得主动而仔细地倾听，这样才有助于了解一些模糊不清的地方，从而增加谈判成功的可能性。

运用杠杆作用克服理性

理性常常成为罪的奴隶而为它辩解。

——列夫·托尔斯泰

20世纪70年代，美国年轻的职业夫妇喜爱购买美国内城的老式大房子。因为这种房子生活空间大、税费低，并且接近城市生活，资源充沛。但是，购买了房子之后，新屋主面临着修理橡木门、配上橡木和樱木橱柜等木工方面的维护工作，这就为从事木工工作的人提供了商机。乔治就是这一商机的获益者。

乔治是硬木木工出身，他制造硬木家具的技巧十分高超。最让人惊奇的是，乔治在自己开出的不二价条件的情况下，一人独揽了许多生意。乔治总是先算出自己要做的工作的成本、时间和材料，然后坚持客户先付清所有款项，他才会接下生意。然而，乔治所面对的很多新屋主都是年轻的律师，他们不甘于这样的生意安排，于是，都会提出先付清材料款，其余的款项要等到完工后才愿意付清。面对新屋主的这一请求，乔治直截了当地告诉对方："没有人比老乔治对工作的要求更严格了，老乔治有数以百计的满意客户的郑重推荐，这些客户都是事先付清所有款项的，如果你想要让乔治为你工作，就必须事先付清所有的款项。"令人惊奇的是，那些相当精明的年轻律师最终都同意了乔治的不合理要求，因为他们知道乔治的技术出众，为人可靠。相对于乔治提出的不合理条件，他们觉得这个不合理的条件比雇用技术没有乔治出色的木工要更划算。

课堂收获

也许乔治并不知道他是在进行谈判，他觉得自己只是在做合乎公正的事情。哈佛大学的老师认为，正是因为乔治能够抓住和维护工作的时机，才能用杠杆作用克服障碍。因此，哈佛大学的老师提醒谈判者，有时运用自身的一些不合理性，也能成功地为己方谋取利益。

克服恐惧谈判的心理

我们唯一恐惧的就是“恐惧”本身。

——罗斯福

雷·斯坦伯格是体育精英的经纪人，他所成立的“斯坦伯格和穆拉特”公司名下有100多名运动员，对于斯坦伯格来说，谈判是日常生活中的一部分，他总是带着明确的谈判目标和谈判原则来处理每一次谈判。在斯坦伯格看来，谈判没有什么可怕的，谈判的目标也不是要毁掉对方，彻底打败对方，而是寻求最为有利可图的方法来达成对双方都可行的协议。因此，斯坦伯格取得了卓越的谈判效果，动辄几百万美元的谈判协议都不在话下。

当斯坦伯格察觉到商业世界里自由经纪人市场的壮大，就开始研究扩大经纪业务的方式，因为他没有恐惧谈判的心理，他的经纪业务越来越多。最后，他的经纪业务扩展到代表企业跟那些需要引进的人才进行谈判。

课堂收获

生活中的每一天和每一个场合总是在谈判。然而，人们对谈判还是有着根本上的恐惧。这种恐惧会使谈判者逆来顺受和阿谀奉承，难以达到自身的谈判目标。这种恐惧甚至可能使谈判者行事激进、愤怒，导致谈判的破裂。因此，哈佛大学的老师认为人人都应拥有谈判者的心态。要有这种心态，所需要的只是人们在谈判中尊重和倾听他人，而不是表现出难以对付的样子。这样一来，谈判者就能将谈判看成是令人兴奋的过程，是改善自身环境或者处境的机会，而不是令人恐惧的事情。

不惧风险，尽量提高期望目标

在某种情况下，只要能言之成理，即使是愚蠢的开价有时也有望成功。

——盖温·肯尼迪

有两个教授曾经做过这样的试验。他们在讨价者和还价者之间放一块挡板，如此一来，讨价者和还价者既看不见对方的表情又听不见对方的声音，他们的出价和要价只写在纸条上传递给对方。

教授给双方的指示基本上相同，除了告诉双方的期望价不同。教授告诉其中一人的期望价是 7.5 美元，告诉另一人的期望价则是 2.5 美元。除此之外，教授的试验设计并没有偏袒他们中的任何一方。这就意味着，双方都有获得 5 美元的平等机会。

经过反复的试验，期望得到 7.5 美元的人经过讨价还价得到的大约是 7.5 美元，被告知期望得到 2.5 美元的那个人经过讨价还价得到的则是 2.5 美元。

两名教授经过此试验得出结论，期望值较高的人能得到较好的结果，而期望值较低的人则会满足于较差的结果。

课堂收获

谈判者个人的愿望代表着预期的行动目标。它不仅是谈判者的希望，更是谈判者应该努力要去实现的坚定意志。哈佛大学的老师认为，谈判中那些制定较高目标并致力于实现较高期望目标的人比那些致力于较低目标的人干得好。然而，因为谈判者的期望目标较高，相应的承担的风险也较高，谈判陷入僵局的机会也多。即使这样，哈佛大学的老师还是建议谈判者要不惧风险，尽力去提高己方的期望目标。

第7章

战前准备课
——准备充分，胸有成竹

掌握足够的信息，是你制胜的关键

谈判需要掌握准确的信息，有时我们会发现对方了解你和你的需求似乎比你了解他们的情况和需求更加全面和准确。

——赫布·科恩

第二次世界大战期间，作家伯尔托尔德·雅各布出版了一本关于希特勒军队组织情况的书。他在这本书中介绍了德军的组织结构、德军指挥官的姓名、德军参谋部的人员配置，甚至涉及到了德军刚刚成立的装甲师步兵小队，这些资料都是德军的军事机密。雅各布出版的这本书让希特勒感到十分惊恐，立刻下令逮捕了雅各布。

雅各布被逮捕后，被带往盖世太保的审讯室里，接受德军情报顾问瓦尔特·尼克拉上校的审讯。

尼克拉上校对雅各布进行了严刑逼供，但雅各布的回答却让他大吃一惊。原来，雅各布书中所介绍的军事机密都出自当时新闻媒体的公开报道。例如，书中所说的第 17 师指挥官哈济将军驻扎纽伦堡就取自纽伦堡的一份报纸。报纸报道说刚刚调来驻守纽伦堡的第 17 师指挥官哈济将军将要出席葬礼。而另一份乌尔姆的报纸则报道说史太梅尔曼少校和菲洛夫上校的女儿举行订婚仪式的消息，该报道还涉及史太梅尔曼少校的通讯军官身份以及菲洛夫上校是第 25 师团第 36 联队指挥官的身份。

听到雅各布的回答，审讯者明白，雅各布根本就不是什么间谍。他之所以能够得知德军的军事机密，主要是因为对当时的新闻报道十分留心，从中找出了德军的机密资料。

课堂收获

现在正是信息化时代，社会上充斥着各种各样的信息。哈佛大学的老师认为，作为谈判人员，在谈判开始前一定要收集各种各样的资料，这样才能用手中掌握的资料制胜。

哈佛大学的老师建议谈判者在谈判开始前要搜集以下信息：一是政治形势、法律制度、社会风俗等与谈判有关的环境因素；二是与谈判对手有关的情况；三是竞争者的有关情况；四是己方的有关情况。

永远不要相信对手提供的信息

说谎话的人所得到的，就是即使说了真话也没有人相信。

——伊索

20 世纪 60 年代以前，日本还没有自己的摩托车工业，当时日本的摩托车全是外来产品。1969 年，日本政府决定发展属于自己的摩托车工业。以日本当时的国力，想要购买外国制造摩托车的技术并不是什么难题。于是，有人提议日本购买当时世界上的摩托车生产王国——法国的专利技术，引进法国的生产线，按照法国生产的摩托车型号进行生产。

法国人听到日本人的这种想法，就向日本政府许诺，如果日本引进他们的生产线，他们保证日本在四年内就能建成年产 600 万辆的摩托车厂。但日本并没有因此就立刻购买法国的生产线。相反，日本在国内招聘了 200 名摩托车工程技术人员，这些人员都具有丰富的经验和研究能力。然后，日本人把这 200 人编成 12 个小组，让他们分别走访世界上有名的摩托车生产厂家。这 12 个小组每走访一个摩托车生产厂家，都向对方声称日本有意发展摩托车工业，会买相当大数量的摩托车。于是，他们参观世界上有名的摩托车生产现场，详细了解这些生产厂家生产的摩托车性能、构造，并向这些厂家购买样机，说是要带回国去比较下货样，最后再签合同。

经过一年的走访，这 12 个小组终于回到了自己的国家，他们不仅带回了 170 多部摩托车样机，还带回了大量的科技和专利资料。回到日本后，他们博采众家摩托车厂家之长，设计出新型摩托车。

日本人从出国考察到建厂生产摩托车，耗时四年多。不同于购买法国专利技术所得到的四年建厂承诺，日本人生产出了属于日本的摩托车产品，还造就了本田技研这种大型的摩托车公司。

课堂收获

谈判过程中，谈判中一方难免会故意提供一些虚假的信息，为的就是迷惑谈判的另一方，让其做出错误的决定，以达成他们的谈判目的。所以，哈佛大学教导谈判者谈判过程中千万不要相信谈判对手提供的虚假信息，以免落入对方的陷阱，使自己在谈判中陷入不利境地。从谈判对手那里泄露出来的信息，即使是谈判对手不经意间透露出来的，看起来十分真实，你都不要轻易地相信。尤其是事关双方利害关系的信息，更是永远都不要相信。

随时关注竞争对手

只有经过长时间完成其发展的艰苦工作,并长期埋头沉浸于其中的任务,方可有所成就。

——黑格尔

美国总统肯尼迪前往维也纳与苏联部长会议主席赫鲁晓夫谈判之前，就通过各种渠道搜集了赫鲁晓夫的信息。这些信息包括赫鲁晓夫的全部演说和公开的声明，甚至还包括赫鲁晓夫的个人经历、业余爱好、早餐嗜好等。不仅如此，肯尼迪还对搜集的信息进行了精心的研究。通过研究，肯尼迪对赫鲁晓夫的心理状态、思维特点等都有了一定的了解。后来，双方开始谈判时，肯尼迪对赫鲁晓夫的一切说法都了如指掌。虽然，这次谈判的结果没有被公布于世，但是根据观察家的分析，肯尼迪之所以敢于在古巴导弹危机中呈现出强硬的姿态，就是因为摸透了赫鲁晓夫的脾气。可见，谈判前搜集关于谈判对手的情报、随时关注竞争对手是多么重要。

课堂收获

哈佛大学教导谈判者要在谈判之前就充分了解谈判对手的情况，随时关注谈判对手。只有随时关注谈判对手，才能深刻地洞察谈判对手的实力，谈判时才能得心应手。

谈判中反应的灵敏度决定着谈判的成功与失败。因此，及时准确地了解谈判对手，你就能建立起属于自己的灵敏反应系统。这样一来，当你受到谈判对手的刺激时，就能及时地做出反应。

搜集与谈判对手有关的信息

有的放矢才能一发就中。了解了你的谈判对手，你就看到了谈判的结果。

——哈佛谈判项目研究报告

哈佛谈判项目的研究者曾经讲过这样一个假设性的谈判案例：试想一位有钱的游客想要向孟买火车站的一个小商贩购买一个小铜壶，他当然想以低价购买。游客十分有钱，且是支付的一方，然而这丝毫没有增加游客的谈判实力。因为游客没有完全掌握谈判对手——小贩的信息，他不知道小贩所卖的铜壶的成本是多少，在哪里还能找到相似的铜壶。在这样的情况下，游客要么不购买铜壶，与铜壶失之交臂，要么被小贩牵着鼻子走，付高价买下铜壶。在这种情况下，游客的富有和想要购买的欲望非但没有让他享有支付者的优越地位，还削弱了他以低价购买铜壶的能力。相反，小贩十分了解谈判对手的信息。因为小贩对孟买火车站附近的铜壶市场行情了如指掌，他知道即使这位富有的游客不买，他也可以把铜壶卖给其他游客。况且，以小贩对游客的了解和他自身具有的经验，他能清楚地判断自己卖出小铜壶的时间和价钱。这样一来，小贩因为对游客信息的了解，在与游客的谈判中，就占有相当大的优势。

课堂收获

谈判中，掌握谈判对手的信息对于谈判者来说非常重要。只有掌握了大量及时有效的信息，谈判者在谈判桌上才有底气，才能在变幻莫测的谈判桌上掌握一定的主动权。哈佛大学的老师建议谈判者在正式上谈判桌前，一定要充分地掌握谈判对手的信息。

遇到什么对手，采取什么策略

要想和人谈判，一定要先了解对方的个性和目的，顺着他的毛摸，才能得到你想要的结果。

——培根

苏联现代艺术家、写生画家弗拉基米尔·安德烈耶维奇·法沃尔斯基有着“苏联人民艺术家”的美誉，他的作品具有含义隽永、形象鲜明的特点。他之所以能够保持作品的这些特点，主要是因为他懂得与美术编辑谈判。

每当弗拉基米尔·安德烈耶维奇·法沃尔斯基完成一本书的插图后，他都会在其中的某幅画的边角画上一只狗，使得这幅画显得不伦不类。当美术编辑看到这幅画后，就一定会要求他把狗去掉。这时法沃尔斯基就会与美术编辑争论，怎么也不肯去掉这只狗。当双方争论得面红耳赤时，法沃尔斯基就会做出让步，把画面上的狗去掉。这时，美术编辑看到法沃尔斯基的让步，就会觉得自尊心得到了满足，就再也不会提出其他要求了。

法沃尔斯基知道美术编辑的任务就是修改一下作品，面对这种谈判对手，法沃尔斯基采取了有效的措施，达成了自己的谈判目的，使得画作将以他拟定的形式出版。如果法沃尔斯基没有针对美术编辑想要修改其画作的心理画上一只小狗，还不知道美术编辑会要求他怎样去修改画作呢。

课堂收获

每个谈判者都有自己的风格，某种方法对一个谈判对手生效，并不意味着这种方法对其他谈判对手同样生效。即使谈判的动机和需求都相同，不同的谈判者也有不同的谈判方式。因此，哈佛大学的老师教导学生，一定要事先了解谈判对手的风格，针对不同的谈判对手，采取不同的谈判策略。

慎重选择谈判环境

环境决定着人们的语言、宗教、修养、习惯、意识形态和行为性质。

——欧文

经销商杰克在订货会上看中了一家公司的产品。于是，杰克在订货会上就与生产该产品的公司老板进行了合作意向的谈判，整个谈判的过程十分顺利，仅仅半个小时，双方就达成了初步的合作意向。订货会结束后，杰克邀请该公司老板来自己公司谈判有关细节的问题。公司的老板按时来到杰克的公司与杰克派出的采购总监进行谈判，但是，两个小时过去了，双方还没有达成协议，谈判也陷入了僵局。后来，公司老板找到杰克，两人按照订货会上达成的合作意向进行谈判，仅仅两分钟，就达成了谈判协议。订货会上，双方的谈判十分顺利。然而，换了个环境，到了杰克的公司之后，双方的谈判就陷入了僵局，最后，还是双方依据订货会上的谈判协议进行，才顺利地达成了谈判协议。由此可见，不同的谈判环境可以为谈判者带来不同的谈判结果。

课堂收获

哈佛大学的老师认为，由谈判环境引起心理压力而导致谈判失败的案例并不少见。因此，谈判的战前准备课中必须考虑到谈判环境的问题。如果谈判是在谈判对手的地盘或者势力范围内进行，那么对方相对来说占有较为有利的条件。但有时，这样的谈判环境恰恰对你有利，因为对方会因为身处自己的地盘或者环境中而感到安适，这样一来，你的意见更容易被对方接受。

准备一套最佳替代方案，以保万无一失

你的最佳替代方案越理想，你的谈判实力就越强。

——哈佛谈判项目研究报告

一个小镇和一家世界级的大公司进行谈判，双方谈判的问题是是否应该提高工厂的税额。大公司在紧挨着小镇的地方有一家工厂，公司原本每年向小镇缴纳的赞助费是 30 万美元，通过谈判，公司每年向小镇缴纳的赞助费提升至 230 万美元。

从公司和小镇的情况来看，公司的实力似乎更强，它设在小镇附近的工厂为小镇居民提供了大量的工作机会，小镇则处于经济非常困难的时期。如果公司关掉小镇附近的工厂或者把工厂迁离小镇，小镇就将陷入更加艰难的境况。公司向小镇缴纳的赞助费支付着小镇人的工资，然而，因为公司肯定要保住工厂，它除了和小镇当局达成协议外，没有其他的选择。所以公司目前所有的这些资源和实力上的优势都还没有转化为谈判时的最佳替代方案，在谈判中起不到什么作用。反观，小镇当局有着绝佳的替代方案，如果提高缴纳赞助费的谈判不成功，他们将要采取的替代方案是：扩大边界，把工厂划进小镇，然后征收 100% 的住地税，这笔住地税每年大约有 250 万美元。正因为小镇当局有这样吸引人的最佳谈判替代方案，所以即使小镇和公司的实力悬殊，小镇当局也敢于和世界级的大公司进行谈判，并且万无一失地达到自己的谈判目的。

课堂收获

哈佛大学谈判项目研究报告认为，谈判双方的实力并不取决于他们各自的财力、政治权势，而是双方的最佳替代方案。谈判的替代方案是衡量一切拟定协议的标准，有了这一标准，不仅能够防止你接受对己方十分不利的协议，还不至于让你去拒绝不该拒绝的协议。通过研究，哈佛大学的老师认为，谈判者的最佳替代方案除了是一个行之有效的谈判标准外，还能够让谈判者在寻找新的解决方案时更富灵活性。高明的谈判者都知道，与其拒绝那些不符合底线的谈判方案，还不如把谈判对手的建议和己方的最佳替代方案作比较，看它是否能更好地满足己方的利益。

心中明确谈判目的，之后再采取行动

无目标的努力，犹如在黑暗中远征。

——英国谚语

营销专业毕业的一批大学生分别到两家公司担任销售。一家公司在培训大学生时强调销售结果，他们认为一切销售谈判的目的都是为销售目标服务；另一家公司在培训大学生时一直强调的是与客户进行沟通的技巧。这批大学生分别被培训了三个月，就开始进行销售谈判。强调销售结果的公司的大学生在与客户沟通的过程中，一切都围绕着实现销售目标进行。强调沟通技巧的公司的大学生在与客户沟通的过程中，则倾向于侃侃而谈。一个季度过去了，强调销售结果的公司完成的销售量是强调沟通技巧公司的三倍。

后来，两家公司分别对客户进行了调查。他们发现，大多数客户都认为强调销售目的的大学生虽然不是十分健谈，但他们总能够抓住一切能促成交易的机会，客户往往会妥协于他们实现目标的坚定性和主动性。对于强调沟通技巧的大学生，客户普遍认为，他们很讲究沟通的技巧，同他们一起谈话会非常愉快，但是他们实现销售目标的主动性和积极性却相当差，并因此错过了很多次可以促成交易成功的机会。

课堂收获

谈判的最终目的是达成合作，但谈判双方都想为己方谋取更大的利益，所以谈判中难免会出现各种各样的争执。哈佛大学的老师教导谈判者在谈判之前一定要先明确谈判目的，以免谈判时因争执而自乱阵脚，不能坚守谈判目的。

哈佛大学的老师认为，只有在谈判之前明确了谈判目的，强化自己对谈判目的的意识，并想好哪些行动能实现谈判的目的，之后的谈判中才能采取必要的行动，避免出现强烈的谈判冲突，使得谈判不至于陷入僵局，最终实现己方的谈判目的。

关注谈判对手的兴趣

理解对方观点并不意味着对其表示赞同。的确，更好地了解对方的想法可能会改变你对形势的判断，但这并不是理解对方的观点所要付出的代价，而是一种获益。这样能使你缩小冲突范围，帮助你实现新的自我利益。

——哈佛谈判项目研究报告

乔·吉拉德被吉尼斯世界纪录誉为“世界上最伟大的销售员”。下面，我们就从他的一个销售小故事中看看他是如何进行销售谈判的。

一位非常腼腆的先生走进了乔·吉拉德工作的汽车展厅，乔·吉拉德没有等腼腆先生询问，就主动走过去说：“我能看出一个人的职业来，这是我的一项特殊本领。”看到腼腆先生只是微笑，却没有回应。乔·吉拉德于是又说：“哦，我可以肯定，你是一名律师。”听完吉拉德的话，腼腆先生连忙说：“不，不是。”吉拉德顺势就问腼腆先生：“那请问您的职业是什么？”腼腆先生脸上露出一丝羞涩，低头想了一下说：“你一定想象不到，我是一个宰牛的屠夫。”令腼腆先生想象不到的是，吉拉德竟激动地说：“哇，太棒了！我一直都在思考我们吃的牛肉到底是怎么来的。如果您方便的话，可以带我参观一下您那里吗？”当然，吉拉德并非用一种敷衍的态度在说这番话，而是真的想去看看腼腆先生工作的地方。腼腆先生被吉拉德的热情和真诚所感染，和吉拉德讨论起牛的问题，两人热烈地讨论了二十多分钟。最后，腼腆先生毫不犹豫地买下了吉拉德所推荐的汽车，不仅如此，他还亲自邀请吉拉德周末去他那里。

正是因为吉拉德巧妙地抓住了腼腆先生的兴趣所在，并以此为谈判的契机，不仅拉近了彼此之间的距离，而且引起了对方的共鸣，使得销售谈判顺利进行，获得了销售的成功。

课堂收获

谈判之前，摸准谈判对手的兴趣，你在谈判开始之后就能较为顺利地引导对方进入谈判沟通的状态。哈佛大学的老师认为，如果谈判之前没有找到谈判对手的兴趣点，等到寒暄之后，谈判双方更容易陷入沉默不语的僵持局面。这种僵持意味着双方的沟通已经进入较为危险的状态，一不小心就会使谈判陷入难以挽回的困境中。因此，哈佛大学的老师建议谈判者在谈判之前就要瞄准谈判对手的兴趣点，并把对手的兴趣点作为谈判沟通的切入点，如此一来，谈判过程中才能保持一种较为有效的沟通。

务必深入了解对方的心理

了解对方的想法不只是帮助你解决自己的问题，他们的想法本身就是问题所在。无论是谈生意还是解决纠纷，意见分歧都来源于你和对方思考方式的不同。

——哈佛谈判项目研究报告

世界著名谈判大师盖温·肯尼迪曾经讲过这样一个谈判故事：

杰克的爱好是收藏旧型号的美洲豹汽车，当他得知阿伯丁的一个旧车交易商想要出售一辆 1962 年产的美洲豹汽车，就前去与交易商谈判。经过激烈的讨价还价，杰克开价 1250 英镑，然而交易商最初的开价是 1850 英镑。双方在价钱上僵持不下，谈判陷入了僵局。

杰克和车主两人觉得谈判僵局暂时没有办法打破，就转而聊一些无关紧要的事。正在双方谈话时，交易商的儿子开着一辆比待售型号更新一点的美洲豹汽车进来，交易商的儿子说这辆车是他的，并不出售。交易商就反驳儿子说车是属于公司的，他有权卖。杰克看到了买车的机会，就对交易商说他愿意出 1000 英镑买下。听到杰克的开价，交易商犹豫了一下就问杰克的支付方式，杰克回答说用现金支付。然后，双方又经过一番激烈的讨价还价，把成交价定在 1100 英镑。后来，杰克的朋友问到他以更低的价格买到更好车辆的原因，杰克回答说，他看得出交易商想要让儿子明白谁才是有决定权的那个人，就不失时机地出价购买交易商儿子开的车。

很明显，杰克从交易商和儿子的相处中敏锐地察觉到交易商想要让儿子明白谁才是有决定权的那个人，杰克充分地利用交易商的这一心理，以最低的价格买到了理想的东西。

课堂收获

无论做什么事情，如果没有准备好就开始，大部分情况下都会导致失败，谈判也不例外。哈佛大学的老师教导谈判者一定要在谈判之前了解对手的心理，因为这在很大程度上左右着谈判的结果。

进行预演，全面考虑多种因素

谈判者在谈判前应认真琢磨即将见面的对手的情况，如：他的需要、奋斗目标、本人在单位起的作用、生活中是哪种人等。这些问题弄清后，就能较好地处理自己所遇到的问题。

——哈佛谈判项目研究报告

琼斯是美国一家生产成套设备的跨国公司的副总经理，由他负责设计的一套新设备投放市场后，销售形势非常好。这套生产设备受欢迎的原因是因为其能够大大地提高投入和产出比。按照说明书所说的，该套生产设备每小时的运转速度可以达到1300转，然而，客户在实际使用中发现该套设备每小时的运转速度大大超过了1300转，甚至能够达到1800转，因此，客户很青睐这套设备。然而，在超高速的运转速度下，也有少数的设备出现故障。

琼斯身为该套设备的技术负责人，他建议明确规定每小时的运转速度不得超过1300转，否则的话，一旦生产设备发生故障，不仅会影响公司的声誉，还会影响自身的事业和前途。然而，负责销售的副总经理帕克反对琼斯的做法，他认为按照琼斯的建议规定，该套设备在市场上的竞争力就会被削弱，销售也会受到影响。当然，他也认为这种明文规定会影响自己的销售事业。双方的意见和观点相左，谁也不愿让步。于是，双方决定进行内部谈判。

为了达成谈判的目的，琼斯事先做了充分的准备工作。不仅如此，琼斯甚至还预先演习了谈判。他派人扮演帕克等谈判对手，站在帕克的立场上综合权衡和考虑各种因素，模拟帕克等谈判对手的各种反驳观点。通过这种预演练习，琼斯开始冷静地思考和检查己方的谈判设想和帕克可能做出的反应，并对此进行探讨和辩论。在预演谈判的基础上，琼斯肯定了己方的可行方案和策略，对己方谈判方案有问题的地方进行了必要的修改和补充。在后来的谈判中，局面基本上按照琼斯的预计发展，他掌握了谈判的主动权，并赢得了谈判，顺利地把自己的设想以明文规定保留下来。

课堂收获

哈佛大学的老师认为，谈判前确定的目标、收集的资料、制定的谈判方案和谈判策略是否具有可行性，可以通过事先的模拟谈判来解决。同时，通过事先预演谈判，就能事先对谈判中将要遇到的阻力、困难和新的问题有一个大致的了解。除此之外，通过事先预演谈判，还可以发现己方谈判方案中的不足之处，及时采取有效的措施来弥补和修正这些不足。

谈判最怕“拖”，请提前做好准备

在谈判中，只有得到对方的最后的确认，才说明谈判获胜。

——哈佛谈判项目研究报告

美国和越南于1968年开始在巴黎进行停战谈判。当时美方的代表包租了巴黎豪华饭店的房间，并按日结算房间的租金，他们事先所设想的是尽早结束谈判。越南的谈判代表则租了巴黎近郊的一栋别墅，并签租了两年的时间，他们准备进行持久的谈判。由于美国一方急于结束谈判，越南一方则是想着能拖一天是一天，因此，谈判的主动权掌握在越南的手中。最终经过长达四年的艰苦谈判，越南一方获得了谈判上的巨大成功。

课堂收获

谈判者在谈判前要将谈判中遇到的困难考虑得多一些，将谈判的过程考虑得复杂一些，将谈判所需的时间考虑得长一些，做好谈判时间会被拖长的心理准备。

哈佛大学的老师提醒谈判者在坐到谈判桌前，就要有“坐上去就不下来”的心理准备。如此一来，对手的拖战计划就会落空。反之，如果谈判者事先没有做好面对拖战的心理准备，就会被对手运用的“拖字诀”击垮。

合理安排谈判议题的顺序

一场水平相当的谈判,在安排议程时博弈就已经展开。议程的安排对谈判双方影响巨大,或者说议程安排本身就是一种策略。

——哈佛格言

受上司的委托，伍兹和艾尔进行谈判。伍慈的上司提出的要求伍慈可以在其他的方面做出让步，但是价格上无论如何也不能让步，因为伍兹的公司已经把价格定死了。

伍慈和艾尔所要谈判的议题总共包括五项，价格是第二项议题。伍兹和艾尔经过多次争执，终于解决了双方在第一项议题上的分歧，开始进行第二项议题，也就是价格问题的谈判。尽管双方都希望达成协议，但是双方的分歧没有办法一下子解决，于是，伍兹趁机要求把价格问题放在最后谈，艾尔也同意暂且先把价格这项让双方陷入僵局的议题放下。

于是，伍兹和艾尔开始进行下面议题的谈判。经过激烈的谈判，双方在第三项、第四项和第五项议题上都达成了协议。最后，他们只剩下之前搁置的价格问题的谈判。此时，伍兹觉得此次谈判胜利在望，对艾尔说：“现在，我们是否再回去谈谈第二项的价格问题？”艾尔回答说：“当然，我们也许可以在价格上再互相让步？”听了艾尔的话，伍兹回答说：“真的很抱歉，艾尔，我们公司的价格是固定的，我没有办法在价格问题上做出任何让步。”此时，艾尔才惊觉自己陷入了谈判的圈套中，如果自己和伍兹的谈判决裂，他之前投入的时间和精力就会白白浪费，甚至还得和比伍兹更难对付的人进行谈判。综合权衡之下，艾尔不得不在价格问题上做出让步，而伍兹也达到了自己的目的。

课堂收获

哈佛大学的老师认为，合理安排谈判议题的顺序至关重要。如果谈判者要对价格、成本、利率和工资等棘手的问题进行谈判，最好的办法是把它们放在最后。谈判对手在谈判后期会因为时间和精力上的大量投入而变得越来越温顺，更容易在价格等棘手的问题上做出让步。

第8章

开局基调课
——定下基调，牵住对手的“鼻子”

谈判伊始，营造良好的气氛

开始谈判的时候，谈判双方不应离得太远，也不能近距离面对面坐着。较近距离的侧坐有利用营造融洽的谈判气氛。

——哈佛格言

1943 年，英国首相丘吉尔和法国总统戴高乐就叙利亚问题进行会晤。当时，双方在叙利亚问题上存在着分歧，但更棘手的是，戴高乐宣布逮捕布瓦松总督，丘吉尔则颇为看重此人。为此，双方都心存芥蒂。

双方会晤的第一天，丘吉尔先用法语开场：“女士们先去逛逛市场，戴高乐和其他的先生请跟我去花园聊天。”接着，丘吉尔用英语对己方的大使达夫·库柏说：“我的法语说得不错吧？虽然戴高乐将军说了一口好英语，但他完全可以理解我的法语。”丘吉尔的话音还未落，戴高乐和其他的人已经哄堂大笑。因为大家都知道丘吉尔的法语讲得实在不怎么好，但戴高乐却能讲一口漂亮的英语。丘吉尔的这番幽默的开场白消除了谈判双方的紧张情绪，营造了一种良好的开场气氛，使得接下来的谈判在较为和谐的气氛中进行。

课堂收获

通常情况下，谈判开局时的气氛十分重要。如果开局时就能营造出轻松愉快的气氛，就能为整个谈判奠定一个好的谈判基调。哈佛大学的老师认为，良好的谈判气氛不仅能够缓解谈判中的紧张情绪，还更容易使谈判者被理解和被尊重，进而获得更多的支持和关注。反之，如果谈判伊始，谈判者没有注意营造良好的气氛，就很容易使得整个谈判陷入一种沉闷抑郁的环境中，进而产生猜忌和隔阂。如此一来，不仅会给双方的沟通带来困难，还会增加双方心理上的障碍，甚至还可能拖慢谈判的进程。因此，哈佛大学的老师建议谈判者在谈判伊始就要营造良好的气氛，打好谈判开局之战。

不要在立场上纠缠不清

在立场上纠缠不清会阻碍双方达成协议。

——哈佛谈判项目研究报告

肯尼迪担任总统期间，美苏双方全面禁止核试验谈判的失败，正是因为双方在立场上纠缠不清所造成的。当时，让美苏双方的谈判僵持不下的问题是：美国和苏联每年允许对方到己方境内被怀疑有核试验活动的地区检查多少次。美国方面坚持每年最少10次，苏联方面坚持每年3次。由于双方的立场问题，谈判就此僵持不下，最终走向破裂。然而，双方都没有想到检查是由多少人参加、每次坚持的期限是多久等问题。也就是说，美苏双方都没有抛弃立场的纠缠，没有多在检查程序上动动脑筋，使得谈判结果既能满足美国的利益，又能满足苏联的利益。

由于美苏双方都将精力投入到各自的立场上，忽略了各自真正需要关心的问题，最终谈判只是机械地反映出双方立场上的差距，而不是双方的合法利益，这就大大降低了双方达成协议的可能性，谈判结果当然没有办法令双方都满意了。

课堂收获

哈佛谈判项目研究报告指出，如果谈判双方站在各自的立场上讨价还价，他们就会坚持立场，毫不妥协。因为谈判者在谈判中越是保护己方的立场，越是声明己方的原则，立场就显得越坚定。在这种情况下，谈判者就越想让对方明白己方的立场是没有办法改变的，就更加死守己方的立场。这种做法使谈判双方越来越不可能达成利益上的共识。谈判双方越在立场上纠缠不清，就越会对立场死守不放。为了达成有利于自己的谈判结果，谈判者不仅会站在己方的立场上，做出欺骗对方、隐瞒己方真实观点的行为，甚至还会走向极端。这种谈判的最终结果是双方都拒不妥协，在立场上纠缠不清，忽略掉立场背后的真正问题，导致谈判破裂。

创造合乎实际的谈判选择方案

成熟的谈判者在谈判开始之前会预先做出几套不同的方案，然后根据现场情况选择一套最符合实际的方案来执行。

——哈佛格言

假设你和老板正在谈判加薪的问题。你提出的要求是增加4000美元，老板只同意增加1500美元。你对老板的方案并不满意。但在谈判的紧张气氛中，你一时半会儿也想不出什么合理的方案。如果你提出增加2000美元的薪水，另外的2000美元都可以作为额外的津贴，这种想法不仅不成熟，还不合乎实际。因为你的老板可能会说，你的方案是与公司的规定相违背的。如果你能在那种情况下提出分几次加薪的谈判方案，你的老板会觉得那是一种合乎实际且不违反公司规定的谈判方案。他甚至可能赞成你在此基础上再与他进行谈判。

在谈判中，你的每一句话、每一个方案都会被对方视为某种程度上的承诺，所以，你必须先做出合乎实际的谈判选择方案，才能让谈判继续进行下去。否则的话，谈判刚开始就有可能破局。

课堂收获

实际谈判需要的似乎是切实可行的想法，而不是凭空想象。创造合乎实际的选择方案的最大障碍就在于，谈判双方考虑的仅仅是自己的眼前利益。如果一位谈判者希望最终结果能够满足自己的利益需求，那么他就需要找到满足对方利益需求的解决方案。但当一方的谈判方案牵涉到自身利益时，就很难将自己置身事外，并想出能满足双方利益的明智办法:“我们自己的问题已经够多的了,他们可以解决他们自己的问题。”而且，人们往往从心理上不愿承认对方观点的合理性，似乎想办法满足对方利益就是跟自己过不去。缺乏长远目光，只顾自己，导致谈判者只能形成片面的立场、片面的论据以及片面的解决方案。

巧用寒暄，打好谈判开局战

谈判时的寒暄绝对不是随便聊聊，一个看似随意的开放性问题会让你占尽开局的优势。

——哈佛格言

美国巨富乔治·伊士曼是柯达公司的创始人，他非常热衷于社会公益事业。伊士曼出巨资建立了一座音乐厅、一座纪念馆和一座剧院。很多座椅制造商闻风而至，都想要承接这些建筑屋内的座椅。但是他们都是乘兴而来，败兴而归。

亚森是美国一位优秀的经理，他也希望得到这笔价值高达8亿美元的座椅生意。当他见伊士曼时，伊士曼的秘书事先提醒他，如果他占用伊士曼先生的时间超过5分钟，那就意味着他没有希望获得这笔生意。当亚森到了伊士曼的办公室后，他并没有直接就同正在忙的伊士曼打招呼，而是静静地打量伊士曼的办公室。过了一会儿，等伊士曼问他有何贵干时，亚森也没有急着推销自己公司的座椅，而是先夸奖伊士曼的办公室装修得非常精致。伊士曼听到亚森的夸奖非常开心，因为他的办公室是自己亲自设计的。亚森听到伊士曼的说法后，又走到墙边，用手摸了摸护墙板说：“你的护墙板用的是英国橡木吧？这种橡木的质地很好。”伊士曼看亚森很懂得欣赏他的办公室，就带着亚森参观他的办公室，并详细向亚森介绍了办公室内的装饰。从选材到颜色，从工艺到价格，最后又讲到自己设计的经过。自始至终，亚森都耐心地倾听伊士曼的介绍，并适当地予以附和。

当亚森看到伊士曼的谈兴非常浓时，不失时机地问他的生活经历。伊士曼就从自己青少年时的艰辛生活说起，详尽讲述了自己创立柯达公司的过程以及回馈社会的善行等。亚森专心地倾听伊士曼的讲述，并不时地赞扬伊士曼的善行。

两人整整谈了两个小时，伊士曼甚至还邀请亚森吃了午餐，直到亚森向伊士曼告辞，他都没有提到争取座椅的生意。但最终亚森不仅得到了伊士曼公司的大批订单，从此还和伊士曼成为了好朋友。

课堂收获

哈佛大学的老师认为，两个素不相识的人进行谈判，非常容易出现冷场的局面。这种情况下，如果双方一开始就进入谈判的正题，谈判更容易有一个不好的开端。因此，哈佛大学的老师建议谈判者在谈判开局时，彼此之间先谈一些轻松的话题，比如气候、生活情况、艺术等。通过这种常见的生活寒暄，拉近彼此之间的距离，打好谈判的开局战。

突出利益，让对方看到有利可图

想想有什么东西是在不影响自己立场的情况下能够给对方而且还是对方所需要的。如果有，尽早说出来，这是牵制对方的有力诱饵。

——哈佛格言

福勒出生于美国路易斯安那州的一个黑人佃农家庭，他们兄弟姐妹共有7个。5岁时，福勒就开始参加劳动了，直到9岁，福勒都是以赶骡子为生。但是，福勒不甘心像其他佃农家庭的孩子一样，一辈子都以此为生，他一心想出人头地。于是，福勒选择了经营肥皂生意。整整12年的时间里，福勒都是以上门推销肥皂为生。当他得到消息，原本供应他肥皂的公司将要拍卖出售时，就想买下肥皂公司。当时公司的售价是15万美元，可他所有的积蓄只有2.5万美元。于是，福勒和肥皂公司负责人达成协议，他先支付2.5万美元的保证金，剩下的12.5万美元在10天时间内付清。协议还规定，如果福勒不能在10天的时间内筹齐剩下的12.5万美元，那么肥皂公司也不会退还他所交的2.5万美元的保证金。

福勒找了很多人筹集款项，到了第10天的夜里，福勒筹集了11.5万美元，还差1万美元。当时，福勒已经用尽了他所知道的一切贷款来源，已经没有其他的办法了。他甚至跪下来祈求上帝给他指引一个能够借1万美元的人。最后，福勒决定不在房间里坐以待毙，他驱车前往61号大街，向该条街上商业大楼里的第一道灯光所在的主人借钱。

福勒前往61号大街时，已经是夜里11点钟了，转过几条街后，福勒看到一所承包商办事处亮着灯光。于是，福勒走了进去，他看到办事处的写字台前坐着一个因深夜工作而极度疲乏的人，福勒虽然认识这个人，但彼此之间并不熟悉。福勒觉得自己必须先说服对方借钱给自己，毕竟1万美元不是一个小数目。

“你想赚1000美元吗？”福勒直截了当地问承包商。承包商听了福勒的话，吓了一大跳，却还是回答说当然想赚1000美元。福勒又对承包商说：“如果你现在能给我开一张1万美元的支票，那么我归还这笔借款时，就会另外支付给你1000美元的利息。”为了让承包商相信自己，福勒不仅向承包商解释了借款的目的，还向承包商展示了其他借款人的名单。承包商被白赚1000美元的利益所打动，尽管福勒的借款金额有点高，他还是给福勒开了一张1万美元的支票。

福勒以肥皂公司为事业起点，慢慢地掌控了四个化妆品公司、一个袜类贸易公司、一家报馆、一个标签公司的控制权，成为一名成功的商人。

课堂收获

哈佛大学的老师认为，谈判桌上的利益分割占据着重要的地位。如果谈判者能够在谈判桌上突出金钱等方面的利益，让对方看到有利可图，更容易达成己方的非金钱谈判目的。

避免对抗性谈判

千万不要在谈判刚开始时和对方争辩，这样只会导致对抗。

——罗杰·道森

谈判大师罗杰·道森曾为50名律师举办过一场谈判培训课，这些律师主要负责医疗事故方面的诉讼。当时这50名律师并不想参加罗杰·道森的谈判培训课。因为这些律师所在的事务所明确要求他们参加罗杰·道森的培训，否则的话，他们就很难再接到案子。基于这种情况，律师们不得不妥协，去参加谈判培训课。罗杰·道森给这些参加培训的律师出了一个假设性的问题：假设一位修女因为一起医疗事故而对一名外科医生提起诉讼。然后，罗杰·道森让律师们针对这起案件进行讨论。令罗杰·道森不敢相信的是，那些参加培训的律师全都是一副咄咄逼人的样子，他们一开始就威胁对方，随着激烈的争论，他们甚至破口大骂对方。最后，罗杰·道森不得不终止了他们的谈判练习，并且提醒那些律师，如果他们想要用较低的成本结束那起医疗事故案，他们在谈判的开始阶段就不应该那样咄咄逼人。

课堂收获

谈判开局时的表现往往可以影响整个谈判。从你的言谈举止中，对方可以判断出你是否有促成双赢的解决方案。因此，哈佛大学教导谈判者在谈判刚开始时就要注意说话方式，即使你对对方说的话一点也不同意，也不要急着去反驳。因为反驳通常会强化对方的立场，使得接下来的谈判更加艰难。所以，谈判的开始阶段不要咄咄逼人，使谈判陷入抵抗之中。

把握好谈判的期限

只要最后期限不过于紧迫，就有利于集中精力去寻求解决办法。要是没有这个限制，对方就有可能故意和你软磨硬泡，不能及时解决问题。

——盖温·肯尼迪

为了解决埃及和以色列之间长达 30 年对立中悬而未决的问题，美国总统卡特与埃及前总统萨达特、以色列前首相比金在戴维营举行了长达 12 天的会议。因为埃及和以色列之间悬而未决的问题十分复杂，该谈判进行得非常缓慢，甚至经常中断，所有人都对谈判的结果没有把握。就在谈判缓慢进行、僵持不下时，谈判的主事者不得不为谈判设定一个期限，要求他们必须在下个礼拜天谈出一个结果。随着时间的流逝，截止日期越来越接近，而有些问题也获得了解决。就在谈判截止日期的前两天，谈判的气氛变得相对缓和，谈判也进行得前所未有的顺利，以前很多棘手的问题也都迎刃而解。终于在谈判截止日期之前，埃及和以色列双方达成了最后的协议。

课堂收获

根据哈佛大学的统计，很多谈判尤其是比较复杂的谈判，都是在谈判的截止日期前才达成协议。随着谈判期限的临近，谈判双方所承受的压力会越来越大，双方的不安和焦虑也会日益增大。因此，把握好谈判的期限，选择谈判终止前运用谈判技巧最为适宜。

谈判的期限一旦确定，就不会轻易更改。因此，无论出现什么情况，你都必须全力以赴，做好谈判的所有准备工作，以免受到谈判期限的压力，使自己处于极度紧张和压力倍增的境地。如果谈判对手提出了不合理的谈判期限，并且拒绝延长谈判期限，你就要把握好谈判的期限，加倍努力拟定谈判策略，而不是意气用事，只顾着为对方的不讲理而生气，浪费原本就有限的谈判时间。

察言观色，以兴趣作为谈判的契机

谈判是综合运用一个人的信息和力量，在多种力量所形成的结构网的张力范围内去影响人们的惯常行为与反应。

——赫布·科恩

迈克是一名汽车销售人员，在一次客户回访中，他无意中看到客户的一位同事正在网上浏览一组汽车图片，他觉得客户的同事一定是一位潜在的客户。于是，迈克不失时机地对潜在的客户说：“这是我们公司所销售汽车的图片和详细资料，您可以先看一下。”但那位潜在的客户马上就拒绝了迈克的建议，还说自己马上就要外出办事。迈克并没有气馁，而是急忙对客户说；“看这些图片和资料并不费时间，只需五六分钟就可以看完了。您现在没有时间看，我可以先把图片和资料留给您。”迈克一边说，一边迅速地拿出几款比较受男士欢迎的车型图片，就在这时，他察言观色，注意到客户把目光停留在一款车的图片上。迈克的观察没有错，那位本来拿着皮包要走的客户，又坐了下来。迈克意识到，这位客户对那款车已经产生了极大的兴趣，于是，他就以客户的这一兴趣作为谈判的契机，趁热打铁地展开了向客户销售汽车的谈判……

迈克正是抓住了客户细微的动作变化，从中探测出客户的兴趣点所在，并以此为谈判契机，使得销售谈判顺利开局。如果迈克没有察言观色找到客户的兴趣点所在，他就没有办法向客户进行销售，更别说开始销售谈判了。

课堂收获

面对首次见面的谈判对手，谈判者必须先察言观色，才能找到对方的兴趣点，并以此作为谈判的契机。哈佛大学的老师认为，如果谈判者发现对方摸着下巴做沉思状，这说明你们的沟通已经出现了问题。这时，你就要先从自身着手，看看是否因为你没有找到对方的兴趣点所在，使得对方对你的谈判建议提不起丝毫兴趣。如果是这样的话，谈判者就要停下来问问对方有什么不懂的地方或者是其他的问题，在弄清问题之后，谈判者才能和对方继续沟通。如果谈判者不想停下来，就要运用察言观色的方法，从对方的表情、神态，甚至是身体发出的细微动作中探测出对方的兴趣点所在。

着眼于利益，而不是立场

如果你能从对立的立场背后寻找利益动机，也许就能找到既满足自己的利益，又能满足对方利益的新立场。

——哈佛谈判项目研究报告

自从1967年“六日战争”以来，埃及的西奈半岛就一直被以色列占据着。直到1978年，埃以双方才坐下来谈判，就立场而言，双方互不相容。埃及强烈要求以色列归还西奈半岛，以色列则坚持要占有西奈半岛的部分地区。在这种情况下，一直都找不到把西奈分给埃及和以色列的最佳分界方案。埃及坚决不妥协，以色列也坚决不愿意回到1967年以前的状态。就这样，谈判陷入了僵局。最后，谈判者决定抛开双方的立场，着眼于双方的利益，谈判开始出现了转机。谈判者考虑到以色列的利益需求是安全，他们不想让驻扎在边境的埃及坦克随时都有开过来的威胁；反过来，埃及的利益需求则是主权，因为自法老时代起，西奈半岛就是埃及的领土，经过被希腊人、罗马人、法国人和英国人几个世纪的统治，埃及才获得了完全的国家主权，因此，埃及绝不会轻易地割让领土。

在考虑了双方的利益需求之后，时任以色列总理贝京和埃及总统萨达特达成了这样一项协议：西奈半岛的大片区域为非军事区，埃及的国旗可以出现在西奈半岛的任何地方，但是埃及的坦克不能靠近以色列。如此一来，埃及就拥有了西奈半岛的全部主权，而以色列也不用担心埃及坦克的威胁，拥有了自己想要的安全。

课堂收获

哈佛谈判项目研究报告指出，利益是立场争执背后的动机，是谈判出现冲突的关键所在。因此，谈判双方立场上的冲突并不是谈判的根本问题所在，谈判双方的需求、意愿、想法乃至恐惧等方面的冲突才是谈判的根本问题所在。

哈佛谈判项目研究报告还指出，谈判双方之间如果出现立场上的冲突，往往会导致谈判陷入僵局。如果谈判双方仅仅关注立场，而不去考虑背后的利益，就很难找到解决谈判冲突的方法。只有当谈判双方区别对待立场和利益，真正去关注立场背后的利益，着眼于利益，而不是立场，才能解决谈判中的冲突，打破谈判僵局。这种着眼于利益而不是立场的方法，之所以能够解决谈判中的冲突，是因为每一项利益都可以有多种满足的方式，如果谈判者能从对立的立场背后找到谈判双方的利益动机，就能找到满足谈判双方利益的新立场。

谈判对事不对人

如果谈判者在面对面交锋中视彼此为对手，双方就会互相防备，反应强烈，完全忽略对方的合法利益。

——哈佛谈判项目研究报告

哈佛谈判项目研究报告曾经介绍过这样一个案例：

一个工会领袖对自己的工人说：“伙计们，是谁提出抗议的？”

琼斯站出来回答说：“是我。那个混蛋工头坎贝尔，在短短的两个星期内就把我从自己组里挑选出来，让我给别人顶了5次班。我已经受够了他的做法，为什么我要干这些脏活累活？”

工会领袖又去问坎贝尔：“你为什么总是和琼斯过不去，他投诉说你在两个星期内让他顶了5次班。你能告诉我这么做的原因吗？”

坎贝尔说：“我挑琼斯那是因为他是最棒的。当别的组里没有领班时我相信他能代好班，否则我就让史密斯或别人去干了。现在因为闹流感，好多领班都病了。我从不知道琼斯不愿意，我还以为他喜欢干重要的活儿呢！”

琼斯和坎贝尔考虑问题的前提，都是只针对人不针对事，结果当然是矛盾重重。

课堂收获

哈佛谈判项目研究报告指出，谈判应该对事不对人，而不是就事论人。如果谈判双方分不清人与事，谈判时对人不对事，他们就会把彼此视为对手。如此一来，谈判双方都没有办法理性地看待对方针对问题的任何言论，完全忽略对方的合法利益。这样的谈判效果可想而知。相反，不管谈判者之间的关系有多紧张，只要谈判者本着对事不对人的原则，联手共同解决面临的问题，就能协调好各自的利益需求。为此，谈判者在刚开始谈判时，就要以共同解决问题的态度对待谈判，用实际行动和态度影响对方，使之愿意合作。

不要让人际关系制约你的谈判战术

谈判中人际关系问题带来的一个重要后果就是各方面的关系容易与谈判问题混淆在一起。

——哈佛谈判项目研究报告

劳雷尔和唐纳两个人是多年的朋友和合作伙伴，她们一起买卖房地产，合伙做租赁生意，还开发了许多新的业务项目。后来，劳雷尔不幸患上重病，就把手下的生意全部交给大儿子杰哈特。虽然唐纳和丈夫瑞恩在杰哈特孩提时就见过他，但他们二十多年间都没有怎么见过面。正在这时，唐纳的丈夫瑞恩和杰哈特在生意上出现了矛盾。

原来，唐纳几年前在闹市区买了两座组合大楼用来投资，她的另外三个朋友都加入了这项投资中，她们还借钱给劳雷尔投资，而劳雷尔则以分期付款的形式支付借款。可是，等到杰哈特接管劳雷尔的这部分事业时，却停止了分期支付。更糟糕的是，唐纳现在已经购买了其他三个朋友的股份，如此一来，唐纳的损失相当大。正在这时，唐纳又和丈夫离婚了，按照离婚协议，唐纳的丈夫瑞恩拥有了组合大楼的部分股份。然而，瑞恩对于手中拥有的股份并不感兴趣，就想把它卖给杰哈特。瑞恩坚持股份的售价是106000美元，杰哈特却只愿意提供102000美元，双方僵持不下。因为劳雷尔这一熟人关系的存在，唐纳和瑞恩没有办法采取及时有效的谈判措施，使得双方的矛盾不断升级，演化到最后，双方甚至在劳雷尔的葬礼仪式上爆发了激烈的冲突。

课堂收获

哈佛谈判项目研究报告指出，谈判中无论是给予的一方还是索取的一方都有可能混淆人和事的关系，在人和事之间画上等号。如此一来，谈判者经常会毫无根据地推论对方的话，并将其与对方对待自己的意愿和态度联系起来，使得人际关系成为谈判战术的制约因素。

为了摆脱人际关系的制约，哈佛谈判项目研究报告中指出，谈判时就要准确地认知人际关系，明白无误地与对方交流，把人际关系的基础放在恰当的感情和长远的目光上，与人际问题直接打交道，不要以牺牲实质利益来换取人际关系。

第9章

战术博弈课
——斗智斗勇，你谋我算

投其所好，让对方精神愉快

谈判的目的在于从那些你所需要的人之中得到帮助，竭尽所能地去获取他人的好感，并从他人手中得到我们想要的东西，道理就是这么简单。

——赫布·科恩

美国著名的面包公司迪吧诺远近闻名，因此，很多大酒店和餐饮消费场所都与该公司有合作。然而，迪吧诺公司附近的一家大型饭店在长达四年的时间内都没有向他们订购面包。这四年间，迪吧诺的公司创始人兼销售经理想方设法地向该饭店推销面包。他不仅每周都去拜访该饭店的经理，还参加该饭店举行的会议，甚至以客人的身份入住该饭店。但无论迪吧诺采用什么样的谈判手段，都没有办法促成双方谈判的成功，没有办法顺利地说服该饭店向迪吧诺公司订购面包。

迪吧诺销售经理为了打破双方僵持不下的局面，决定改变自己的谈判策略。他开始调查饭店经理所关心和爱好的问题。经过长期的调查，迪吧诺销售经理发现饭店经理不仅是美国饭店协会的会员，还是饭店协会的会长，十分热衷于饭店协会的事业。于是，当迪吧诺销售经理再去拜访饭店经理时，他的话题就围绕着饭店协会的创立和发展以及其他相关事项。不出迪吧诺销售经理所料，饭店经理对迪吧诺销售经理的话题十分感兴趣，不仅兴奋地与他交谈，还邀请他参加饭店协会。两人谈得十分投机，饭店经理甚至还有与他相见恨晚的感觉。在迪吧诺销售经理与饭店经理的交谈中，他完全没有提到面包销售的事情。但是，饭店采购部门几天后就主动给迪吧诺销售经理打电话，让他给饭店送去面包样品和价格表。

四年间，迪吧诺向饭店进行了无数次的推销谈判，都没有成功，饭店甚至没有向迪吧诺订购过一块面包。然而，迪吧诺销售经理只是投饭店经理的所好，在精神上取悦了对方，就使得饭店经理的态度完全转变，可谓是用对了谈判招数。

课堂收获

每个人都希望能够满足自身的需求和爱好。一旦有人能够理解和满足我们的需求和爱好，我们就会不由自主地对他产生信任和好感，当然也就乐于同他进行合作和交流。哈佛大学正是根据这个道理，建议谈判者用投其所好的谈判策略来进行谈判。

哈佛大学老师所讲的投其所好的基本思想就是要谈判者立足于谈判对手的需要和爱好，有意识地去迎合谈判对手，使谈判双方达成共识。一旦双方有了一定的共识，就更容易使谈判对手接受和认可己方提出的要求和条件，进而实现己方的谈判目标。

谈判是一个双向的过程

除了获得实际利益之外，是否参与其中也许是决定一个谈判者是否接受这项提议的唯一重要的因素。

——**哈佛谈判项目研究报告**

从1974年到1981年，世界上150多个国家的谈判代表齐集在纽约和日内瓦。他们的主要任务是制定海洋管理方面的法规，这些法规包括捕鱼权以及深海海床开采锰矿等。其间，发展中国家的代表一度对技术交换有很高的热情，他们希望从那些工业化高度发达的国家获得深海海床采矿的技术和设备。如果工业化发达国家能在技术转让问题上多花些时间进行谈判，和发展中国家做好双向沟通，那么他们向发展中国家提供的技术转让完全可以让他们获得一些谈判上的优势。然而，发达国家觉得技术转让问题并不重要，所以表现出一种无足轻重的态度，并将这个问题作为次要问题，挪到以后考虑。结果，那些工业化高度发达的国家，没有让发展中国家从谈判中获得绝大的成就感，不仅放弃了一次以低成本换取大回报的机会，而且错过了在其他问题上达成协议的契机。

课堂收获

谈判是一个双向的过程，如果没有让对方参与谈判，对方当然不会接受谈判的结果。因此，哈佛大学的老师认为，要让对方接受谈判的结果，最为关键的是要让对方参与到谈判中。

哈佛大学的老师提醒谈判者要尽早让对方参与到谈判中，并积极征询对方的意见，给予适当的回应，这样一来，谈判双方就能保持一种良好的双向沟通。如果谈判时没有对方的积极参与，即使协议内容对对方有利，他们也会对协议持一种怀疑的态度，甚至拒不接受协议内容。反之，如果双方都积极地参与到谈判中，时刻保持一种良好的双向沟通，谈判双方就更容易达成共识。

化整为零，巧妙说服对方

将僵局的议题切割成两个或多个小议题来讨论。通过分、切的方式进入子题，用局部的胜利获得最后整体的胜利。

——**哈佛格言**

美国某家全国性的大保险公司原本只是某市的一家小公司，它在房屋保险业务方面起步更晚。按照当时的规定，保险公司一般都拉拢那些贷款购买房屋的人加入保险。如果屋主死亡或者遇到其他变故没有办法向银行缴纳分期付款时，保险公司就可以代屋主缴纳该部分款项。因此，房屋保险业务很受银行和业主的青睐。然而，该家公司在房屋保险业务方面的起步明显晚于同行。该市90%的房屋保险业务掌控在另一家保险公司手中。为了打开房屋保险业务的局面，该公司的决策人决定采取化整为零的策略，先说服银行把剩下的10%的房屋保险业务交给自己的公司。

在同银行的谈判中，该家公司提出的房屋保险条款既对银行有利，又对客户有利。但是该公司并没有要求太多，它只要求银行把剩下的10%的房屋保险业务交给它。银行方面找不到任何可以拒绝的理由，就把10%的房屋贷款客户名单给了该公司。之后，该公司以手中掌控的10%的客户为基础，通过优惠的保险条款，吸收其余的90%的客户。经过努力，他们最终吸收了90%的客户，但剩下的10%的客户还掌握在原来的保险公司手中。

这时，该家公司又与银行进行谈判。他们提出既然公司已经争取到了90%的客户，希望银行同意他们争取剩下的10%的客户。银行方面答应了该家公司的请求，该公司就成为了该市银行协会唯一指定的保险公司。之后，该家公司通过这种化整为零的方法说服了其他城市的银行，并最终成了全国房屋保险业务领域的老大。该家公司也通过这种发展方式成为全国性的大保险公司。

课堂收获

哈佛大学的老师认为，高明的谈判者不会一下子就提出己方的所有要求，而是先提出一些小的要求，争取对方做出比较小的让步。然后，再慢慢地提出更多的要求，让对方逐步增加让步的幅度。如此一来，以少积多，就能说服对方做出更大的让步，为己方争取更多的利益。

避实就虚，巧妙转移对方的谈判视线

关注无关紧要的事情，或在对自己不成问题的问题上大做文章，以分散对方对自己真正要解决的问题上的注意力，从而在对方毫无警觉的情况下，顺利实现自己的谈判意图。

——哈佛格言

尼尔伦伯格曾经遇到过一次复杂而重要的租约谈判。因为现实环境的差异，每次缔结的租约都有所不同。对于具体的租约问题，人们往往采取具体问题具体处理的办法。当时有一种被视为标准租约的“正式不动产租约”，这种租约在日常的租约交易中应用得非常广泛。然而，这种租约订立得太过详细，有数不清的限制条件，即使是执业长达50多年的律师也难以记住这些租约上的每项条款。等到双方正式进行谈判时，尼尔伦伯格的助手对对方的律师说：“您是老手了，您一定对这份标准的不动产正式租约很熟悉吧？”对方的律师看到尼尔伦伯格的助手给自己戴了高帽子，就觉得如果自己再去仔细研究这份不动产的标准租约，就会显得自己太没有经验。于是，他没有对标准租约进行分析，就表现出自己很懂标准租约。接下来的谈判中，那位律师就把精力放在标准租约之外的内容上。然而，与标准租约上的内容相比，那位律师所关注的谈判内容实质上并没有太大的意义。就这样，尼尔伦伯格和他的助手通过给对方戴高帽子，避实就虚，转移了对方的谈判视线，使对方陷入一种不利的境地中。

课堂收获

谈判者可以采用避实就虚的策略，转移对手的视线。哈佛大学的老师认为，要善用这一策略，就要根据对手的弱点和虚荣心，站在对手的角度进行假设性的谈判，使得对手重视自己的偏见，进而削弱对手的优势。比如，对手明明是某一领域的外行，却因为虚荣心想要被人视为该领域的内行。谈判者就可以先假设他是内行，并在谈判中故意把对手当作内行来对待。如此一来，谈判者就会避实就虚，不在一些对手没有把握的事物上征求对手的意见，而是诱导对手转移看问题的视线，进而改变其立场和态度。

先顺后逆，后发制人

如果不便于立即反驳，那就先顺承对方的意思，对对方所说的话加以肯定和夸张，然后急转直下，说出相反或不同的观点。这种策略运用得当会在一种轻松的幽默中做到后发制人。

——哈佛格言

迪特的毛料公司有位顾客欠了15万美元。一天，这位欠账的顾客怒气冲冲地冲进了迪特的办公室，他嚷着说自己不仅不会付所欠的15万美元，还一辈子都不会再购买迪特公司的东西。迪特先生听到顾客的话，并没有马上为自己的公司辩解，而是耐心地听顾客抱怨。等到顾客抱怨完，迪特对顾客说："你来芝加哥告诉我这件事是帮了我的大忙，我要感谢你。因为如果我们的信托部门打扰了您，那么他们也有可能打扰其他的主顾。如果是这样的话，那就太不好意思了。请你相信我，我比你更想听到你所告诉我们的这些情况。"

顾客听了迪特的话，气一下子消了不少。迪特先生还告诉顾客，他会把这笔账一笔勾销。

他对顾客说："您是个做事相当细心的人，而且您只需要管一份账目，而我们的职员则要照顾好几千个账目。相比之下，您不太可能出错。如果您不再向我们订货，我给您推荐几家公司。"顾客听了迪特的话，反而和迪特的毛料公司签了一笔比以往都大的订单。后来，他一直都是迪特公司的朋友和贸易伙伴。

课堂收获

面对怒气冲冲的顾客，迪特先生没有和对方计较，而是先等对方发泄完，采取先顺后逆、后发制人的谈判策略，先以诚意感谢对方提出的意见，再宣布将顾客所欠的账一笔勾销，同时还称赞顾客的细心。最后还提出要为顾客推荐其他的毛料公司。最终，顾客被迪特所征服，成为迪特公司的终身顾客。哈佛大学的老师认为像迪特这种先顺后逆、后发制人的谈判策略极具实用性。他们提出这种谈判策略就是要先让对方尽情地表达自己的意见，然后再有针对性地征服对方。

精心设计谈判策略，最后关头重拳出击

蚕食的原则告诉你，谈判后期运用蚕食策略，你更容易得到一些东西。

——罗杰·道森

世界著名谈判大师罗杰·道森曾经讲过这样一个家庭故事：

罗杰·道森的女儿茱莉亚高中毕业了，他想送给茱莉亚一份毕业礼物。茱莉亚未公开的日程表中有三件东西：一是到欧洲旅行5个星期；二是想要1200美元的零用钱；三是想要一个新的行李箱。茱莉亚相当聪明，她向父亲提出要求时并没有把上面的三样东西都提出，而是一个个地提出来。首先，茱莉亚请求父亲同意她去欧洲旅行，几周后，她又请求父亲给她1200美元的零花钱。最后，茱莉亚出发前又对父亲说："其他的同学都带着新的行李箱，你不想让我带着破旧的行李箱到欧洲旅行吧？"罗杰·道森只好又答应了女儿最后的要求。

罗杰·道森讲到这个故事时说道："如果茱莉亚一开始就把三个条件都提出来，我很可能会否定掉1200美元零花钱和新行李箱的条件，但是茱莉亚运用蚕食的策略，让我不得不答应了她的全部条件，她是个谈判高手。"

课堂收获

哈佛大学的老师认为，罗杰·道森所主张的谈判原则更适用于谈判后期，也更容易让谈判者得到某些谈判条件。他们认为，谈判者如果精心设计谈判的蚕食策略，往往能在谈判结束时让对手接受之前不愿意接受的东西。

用对方的信息，做自己的筹码

一个真正拥有竞争力的谈判员，要对对方进行全方位的了解，同时还要让对方对自己一无所知。

——优势谈判法则

世界著名谈判大师罗杰·道森的学生在佛罗里达经营着一家大的医药集团。有一次，一家新的保健组织找到罗杰的学生，想和他签订有关医疗服务的合同。为了顺利地进行谈判，罗杰的学生决定尽可能多地了解保健组织的现状。通过调查，罗杰的学生发现这家新的保健组织早已经得到州部门颁发的执照，但是该保健组织却刚刚开业。按照惯例，政府会把这家新保健组织做第一个广告的当天视为他们获得经营资格的起始日，而这家新保健组织要想做第一个广告，就必须先同一家医药供应商签订合约。同时，按照规定，这家新的保健组织必须在 12 个月内开始营业，不然的话，他们就必须重新申请执照。

在了解了这家新保健组织的情况后，罗杰的学生就要求等到最后一周时再和这家新保健组织进行谈判。因为这家新的保健组织必须在最后一周的星期五做广告，否则的话，他们的执照就失效了，必须重新申请执照。到了最后一周，这家新的保健组织周一和周二都试图和罗杰的学生联系，但是罗杰的学生全都置之不理，到了星期三，这家新的保健组织不得不对罗杰的学生做出很大的让步。

课堂收获

哈佛大学的老师认为，谈判中占有信息较多的一方往往能够主宰另一方。如果谈判者手中拥有充分的信息，并从中找出能够影响谈判形势的绝对信息，不妨把这种信息作为己方的谈判筹码，迫使对方做出较大的让步。

抛砖引玉，让对方主动提出解决问题的办法

无法再做让步时，抛出几个变通的方案让对方感觉还有选择的空间。这时候对方往往会主动给出解决问题的方案。

——哈佛格言

一天，美国著名作家马克·吐温到街上散步。途中，经过一家书店，马克·吐温就走了进去。在书店转了一圈后，马克·吐温发现书架上摆着他本人的著作。于是，马克·吐温拿着他的书向书店店员问明了价格，之后，他和店员进行了一个玩笑般的谈判。马克·吐温对店员说："因为我出版了这本书，我理应在售价的基础上享有50%的优惠。"店员觉得马克·吐温说得有道理，就同意了。马克·吐温又接着说："我是这本书的作者，我应当再享有50%的优惠。"店员又同意了。马克·吐温又说："我是这家书店老板的朋友，相信你会再给我25%的优惠。"店员没有办法，只好同意了。

然后，马克·吐温一本正经地对店员说："根据我们刚才谈定的条件，我认为我拿走这本书是理所当然的。现在，请你告诉我税是多少？"店员听了马克·吐温的话，开始算账。算完后，他吞吞吐吐地对马克·吐温说："先生，我大概算了下，你不付一分钱就可以拿走这本书。除此之外，我还欠你37.5%。"

课堂收获

哈佛大学的老师认为，谈判桌上所采用的抛砖引玉的谈判策略，就是一方主动摆出问题，解决的办法则让谈判对手主动提出。他们认为这种谈判策略不仅可以让对方感受到尊重，让对方有一种身为谈判主角和中心的感觉，还可以摸清对方的底细，于无形中掌控谈判的主导权。

第10章

心理博弈课
——磨炼一颗强大的心

每个人都有占便宜的心理

善于沟通的管理者，也可能善于掩饰真正的问题。

——柯利斯·阿格利斯

有一位老人退休后住在哈佛大学附近一栋简朴的住宅里。本来，老人住的地方十分安静，但三个年轻人不知从何时起开始在老人住宅的附近踢垃圾桶，他们所制造的噪声严重地影响了附近居民。附近的居民用尽了各种办法也没有阻止三个年轻人的恶作剧。最后，附近的居民没有办法可想，只好听之任之。然而，这位老人实在没有办法忍受三个年轻人制造的噪声，因为如果他一直生活在这样的环境中，会严重危及他的健康。于是，老人就出去和三个年轻人谈判。

老人见到三个年轻人，并没有阻止他们踢垃圾桶的行为，而是对他们说："我年轻时也和你们一样做过这样的事情，如果你们每天都来踢这些垃圾桶，我每天都给你们一元钱。"三个年轻人听了老人的话，马上就同意了，于是，他们更加起劲地踢附近所有的垃圾桶。老人也遵守承诺，每天给他们一元钱。

过了几天，老人愁容满面地对三个年轻人说："因为通货膨胀，我的收入减少了，从现在起，我每天只能给你们五角钱了。"三个年轻人听了老人的话，虽然有些不满意，但还是接受了老人的条件。然而，虽然他们仍是每天下班都来踢垃圾桶，但却没有之前那么卖力了。

几天以后，老人又对三个年轻人说："我最近没有收到我的养老金支票，没有钱了，如果我每天只给你们两角五分钱，你们还会帮我踢垃圾桶吗？"听了老人的话，其中一个年轻人叫道："只有两角五分！你以为我们会为了两角五分钱在这里浪费时间踢垃圾桶？我们不干了！"说完他们就走了。之后，他们再也没有来踢过垃圾桶。从此之后，附近没有了年轻人踢垃圾桶的噪声，又恢复了宁静。老人和附近的居民又过上了安静的生活。

课堂收获

哈佛老师告诉我们许多事情的成功，都有不同的模式，就像上面的小故事一样，很多事情的解决需要我们换种思维，改变下我们自己的处事模式，这样也能取得我们想要的结果。

为自己找到一个更高的权威

你的更高权威一定要是一个模糊的实体，而不是某个具体的人。

——罗杰·道森

谈判者总是不吝于让谈判对手知道自己手中拥有的权限。哈佛大学的老师认为这并不是一种高明的谈判做法。当谈判者这么做时，实际上把自己置于不利的地位。因为谈判者这样做，对方就会轻易地发现你拥有多大的决定权，谈判时，对方就知道只要说服谈判者就可以了。一旦谈判者表示同意，对方就会认为谈判有了确定无疑的结果。反之，如果谈判者告诉对方，他必须向更高的权威汇报谈判结果，情况立马就不一样了。因此，高明的谈判做法是在对手面前为自己找到一个更高的权威。

罗斯是一位不动产投资商。他曾经投资过一些公寓楼和住宅别墅。刚刚买下一栋楼时，罗斯总是喜欢让房客们知道他就是那栋楼的主人，因为他觉得那种感觉很好，他的自我意识得到了大大的满足。但随着账单越来越多，罗斯渐渐发现让房客知道他就是主人并不是一件好事。因为房客们觉得他一定很有钱。既然这样，替他们换一下只被烟头烧了一个小洞的地毯，稍微让他们拖欠一下房租，都不是值得罗斯斤斤计较的事。

后来，罗斯掌握了最高权威策略，他成立了一家资产管理公司，之前的问题全都迎刃而解了。罗斯作为资产管理公司的总裁，他不再告诉房客们他就是大楼的主人，而是告诉房客，他公司的主要业务是资产管理，主要为一群投资人管理不动产业务。这样一来，当房客再提出要换下破了一个小洞的地毯时，罗斯就会运用权威策略告诉房客们："我想我很难让投资者们因为一个小洞就换掉整块地毯，如果你们每个月的1号都能交房租，大约半年后，我会试着去说服房主更换地毯。"如果房客们说："我们恐怕每个月的15号才能交房租。"罗斯同样会运用权威策略告诉他们："我理解，谁都会有困难的时候，不过，我想你们最好还是按时交房租，因为房子的主人说，如果房客们每个月的15号还没有交房租，他们就会请房客离开。"通过这样的谈判策略，罗斯的房客们之前提的问题全都得到了妥善解决。

课堂收获

哈佛大学的老师告诫谈判者，要想让更高权威策略最大限度地发挥作用，最好找一个具有模糊实体的最高权威，比如说某个委员会或者董事会。如果谈判者所找的更高权威是上司，谈判者的对手会觉得直接找谈判者的上司谈判会更有效率。如果谈判者所找的更高权威是一个模糊的实体，谈判者的对手当然没有办法绕过谈判者直接找更高权威者去谈判。由此可知，找一个模糊的更高权威不仅不会引起对手的对抗情绪，还会给对手带来更大的压力，可以说，更高权威策略是一种非常有效的谈判方式。

巧妙转移话题，让对方自己意识到问题

与人交谈一次，往往比多年闭门劳作更能启发心智。思想必定是在与人交往中产生，而在孤独中进行加工和表达。

——列夫·托尔斯泰

在一次国际投标中，一家美国建筑公司相信自己在技术方面占有优势，他们与工程主持人召开会议讨论这一问题，主持方很圆滑地说出一番对美国建筑公司不利的话："我们非常愿意与你们合作，说心里话，我们是很倾向于你们的，虽然其他几家公司情况也很不错，我们希望能让总成本再降低10%，这可能会给你们带来一些损失，关于这一点我们已通知其他公司。但迄今为止，我们还未做出决定。你们是否乐于接受这个提议呢？"美国公司听了对方的话，没有立即做出回答，而是要求暂时休会。

当大家再次回到会议桌前时，美方公司并没有就主持方所提问题做出回答，而是建议修改一些工程项目，缩减一些他们可以避免的开支，这建议引起主持方的反应，他们要求不能作任何改动。于是讨论围绕工程项目的问题展开了，显然，建筑公司在这方面还有发言权，他们仔细地讲解应如何改变工程项目，从而使主持方在不受任何损失的情况下，使成本降低超过10%，得到的好处很明显比单纯降低付给承包工程公司的价钱还要多。会谈结束时，双方都达到了自己的目的。建筑公司在价钱方面未作丝毫让步，主持方也获得了自己所希望得到的额外利润，可以说是双赢的谈判结局。

课堂收获

在谈判中，建筑公司装作没有听懂主持方的意思，而绕开了对他们不利的一面，把对方吸引到自己的势力范围内，以合作、认真的工作态度提出他们合理的方案，使双方都能乐于接受，显示了其诚意，也取得了对方的好感，最终达成了协议。哈佛大学的老师认为，当对方向你提出强烈的反对意见时，请花一点时间好好思考一下。反复地分析这些问题，从中寻找进一步的信息，请对方做出解释，让他告诉你他希望要什么，所有这些信息都有助于加强你的讨价还价地位而削弱对方的地位。

运用“推—推—拉”技巧来谈判

“推—推—拉”理论赋予谈判生气、力量，因为它避免了会议时一面倒的情形发生。

——杰克·沃巴科

杰克·沃巴科自哈佛大学毕业之后，成为了一位积极进取的印刷机销售员，而且他一直是公司里近几年来最优秀的销售员之一，他继承了哈佛大学的优良传统，做起事情来全力以赴。其实，说到底，杰克·沃巴科之所以能够如此成功，就是他一直在运用“推—推—拉”谈判技巧，而这一技巧，是哈佛谈判技巧的核心之一。也就是说，每次都和顾客谈他们最需要的内容，而这也是在充满竞争的商场当中得以击败竞争对手的原因。

杰克·沃巴科每一次在向客户推销的时候，都会准备很多的资料，用来证明他销售的机器是多么可靠，各方面有多么出色，占据了国内外多么广阔的市场。

其实，市场是非常重要的。因为机器的市场越大销路越好，那么对于公司而言，就会拥有越多的训练有素的技术员，购买机器的公司，也将会获得技术方面更多帮助的机会。

杰克·沃巴科在推销过程中，丝毫不会离开多和顾客谈论机器优点这一主题，由于他的语速很快，甚至有的时候会让顾客有一种强大气场的感觉。而这也只是杰克·沃巴科销售策略的第一招。

其实，杰克·沃巴科销售策略的关键部分不是“推—推”阶段，而是在“拉”的阶段。

杰克·沃巴科最后会问顾客到底是因为什么而迟迟不肯购买。当他知道大部分顾客是因为觉得商品太贵的时候，杰克·沃巴科则会说：“正是因为这款机器的特点和便利，它的功能齐全，能够让你的劳动效率提高。”就这样，杰克·沃巴科巧妙地打出最后一击，之后就离开了“推”的方向。

而且，最后杰克·沃巴科会告诉顾客，这款机器是多么畅销，需要提前交定金订货才行，而且还承诺，一旦出现了问题，可以随时退货，哪怕是交了定金，如果不想要了，也是可以的。这一系列措施，彻底赢得了顾客的“芳心”。

课堂收获

任何事情都是不能够强求的，谈判也是如此，如果硬来，想通过自己的强大气势压倒对方的不公平式谈判，肯定不会有效果。

哈佛大学认为，谈判桌上讲究的是公平竞争，而“推—推—拉”的谈判技巧则能够让我们在公平原则之下，获得自己想要的利益，而且还能够与对手保持一种相互敬重的关系。

避开谈判对手的锋芒

如果你是对的，就要试着温和地、技巧地让对方同意你；如果你错了，就要迅速而真诚地承认。这要比为自己争辩有效和有趣得多。

——戴尔·卡耐基

美国著名谈判专家尼尔伦伯格应一位合伙人的邀请，前去参加某飞机制造厂的拍卖会。拍卖会的规则是，谁出价最高，就能与拍卖者达成交易。为此，尼尔伦伯格和他的合伙人在拍卖会召开之前就估计了拍卖资产的价值，决定出价 37.5 万美元。拍卖会开始后，尼尔伦伯格与合伙人的叫价是 10 万美元，对手的叫价是 12.5 万美元，尼尔伦伯格一方再加到 15 万美元，对手就加到 15.5 万美元。就在这时，尼尔伦伯格被合伙人拉出了拍卖场，他不明白合伙人的做法。因为他们目前的报价距离事先定好的最高报价 37.5 万元还差了一大截，为什么要现在就放弃报价。合伙人解释说："按照这次拍卖会的规则，如果拍卖人觉得大家的出价不高，就有权拒绝销售。现在，在所有的投标人中，我们的出价占第二位。拍卖人一定会和我们联系，告诉我们，他已经否定了我们的对手所出的价，并问我们是否愿意再报一个价。等到那时，我们再出一个比较高的报价，再让拍卖人让一点步，就可以成功地与之成交。"不出所料，拍卖人三天内便与他们联系。他们轻而易举地就击败了对手，顺利地拿下了该飞机制造厂，而且价格要比预期的 37.5 万美元低得多。

课堂收获

当谈判出现危难局面，双方僵持不下时，谈判者要想赢得谈判，就必须认清自身面临的形势，避开对手的锋芒。哈佛大学的老师指出，这种避开对手锋芒的策略确切地说是以柔克刚，使得对手有劲使不上。谈判者运用以柔克刚、刚柔相济的手段，可以有效地应对对手"硬"的态度，进而达到谈判制胜的目的。

在谈判时间和谈判环境上下功夫

人们常常将自己周围的环境当作一种免费的商品，任意地糟蹋而不知加以珍惜。

——甘哈曼

美国总统卡特曾经邀请埃及总统萨达特和以色列总理贝京到美国进行和平谈判，卡特想让双方通过谈判停止战争。为了完成这一艰巨的使命，卡特选择位于马里兰山上与世隔绝的戴维营作为谈判地点，又精心安排了枯燥寂寞的谈判环境。除了两辆自行车供谈判人员骑着玩、拣拣松果，以及三部可以松弛神经的电影之外，谈判人员没有其他的娱乐活动。

双方的谈判进行了六天之后，每个谈判人员都看过了两遍电影，他们已经对现有的娱乐活动感到厌烦了。然而，每天早上，萨达特和贝京总是毫无意外地听到同样熟悉而单调的声音，提醒他们准备再次进行内容相同的10个小时的谈判。就这样，经过了13天，萨达特和贝京再也忍受不了单调的谈判，他们已经没有办法忍受这样的单调生活，只希望尽快签订合约，离开戴维营。卡特正是运用时间的压力，再加上谈判环境的压力，促成埃及和以色列签订了《戴维营和平协定》。

课堂收获

哈佛大学的老师认为，谈判时间和谈判环境在谈判桌上的作用妙不可言。如果谈判者在谈判时间和谈判环境上下足功夫，就可以结合谈判时间的有形压力和谈判环境的无形压力的作用，给谈判者带来心理上的负担，迫使谈判者尽快拿出让双方都可以接受的谈判协议。

用逻辑战胜对手，让对方无话可说

恰当地用字极具威力，每当我们用对了字眼……我们的精神和肉体都会有很大的转变，就在电光石火之间。

——马克·吐温

某电视机厂与某大商场就销售电视机事宜进行磋商和谈判。双方经过激烈的交锋，终于就录音机的价格、质量问题取得了一致意见，达成了协议。在签字时，某大商场又想反悔，不想与电视机厂签订协议，于是故意提出一个新问题："签字要经公司经理批准，因为我们商场被另一家公司吞并了。"意思即以此为理由拒绝签字。

电视机厂谈判代表看出了其中的破绽，针锋相对地说："如果你说的情况属实，那么我们可以重新谈判、磋商；如果你说的情况是假的，鉴于我们已达成了一致意见，且时间不允许我们再拖延，你应当在协议上签字。"

电视机厂方代表运用以上一系列推理有理有据地说服了商场方，商场方终于在电视机厂谈判代表严密审慎、富有逻辑而又有威慑力的话语面前败下阵来，不得不又回到谈判桌边在协议上签了字。

课堂收获

哈佛大学的老师认为，谈判者要善于运用严密而审慎的逻辑推理，使对方口服心服，让对方找不到推托的正当理由，不得不在谈判协议上签字。

借名扬名，利用对手崇拜权威的心理

在所有组织中，90%左右的问题是共同的，不同的只有10%。只有这10%需要适应这个组织特定的使命、特定的文化和特定的语言。

——彼得·德鲁克

某供货商和厂家进行交易谈判，虽然供货商拿出各种资料证明自己所提供的电子元器件的质量没有任何问题，但厂家的负责人始终拿不定主意。因为厂家之前并没有接触过该供货商的产品，厂家负责人甚至还想退出谈判，去购买自己熟悉的旧产品，尽管厂家负责人很清楚旧产品的质量并不过硬。

供货商听到厂家负责人的想法，灵机一动，对厂家负责人说："你知道某国际知名产品吗？"

"当然，不瞒你说，我们家就有一款该知名产品。"厂家负责人回答说。

供货商顺势问下去："你觉得这种产品的质量怎么样？"

"质量非常好。"厂家负责人回答。

供货商趁机说："我非常荣幸地告诉你，该国际知名产品的生产厂家一直都是使用我们的电子元器件，就在前几天，他们的生产厂家还和我们签订了一个长期的供货协议。"

听到供货商这样介绍，厂家负责人之前的顾虑完全被打消了，马上就和供货商签订了供货协议。

课堂收获

哈佛大学的老师指出，借名扬名，就是运用大部分人崇拜权威和名牌的心理，让对方首先对己方降低怀疑心，进而提高己方的谈判值。他们建议谈判者在介绍己方的情况下，不妨运用借名扬名的技巧，展现己方的实力。同时，哈佛大学的老师还提醒谈判者，运用借名扬名之前要先考虑到对方能否认同己方所借的"名"，否则的话，就会引起对方的反感，造成适得其反的后果。

先硬后软，心理上压倒对方后再提出软性要求

营销学不仅适用于产品与服务,也适用于组织与人,所有的组织不管是否进行货币交易,事实上都需要营销。

——菲利普·科特勒

伦敦是金融业很发达的城市。该市有一家小银行，一家公司是其比较重要的一位客户。公司的经理很想从银行那里得到一笔可观的贷款，但是这家小银行却不愿意为该公司提供这个方便。

公司经理了解到银行的做法后，就制订了一整套计划，准备争取到银行的贷款。他没有去恳求对方为自己提供方便，反而先让会计打电话向银行抱怨他们的一些小过失。小银行的业务本来就十分稀少，为了不失去客户，他们听到会计的抱怨，立马就表达了歉意。后来，当银行对公司的业务稍有延误，公司经理就指使会计继续向银行抱怨。这样持续了一段时间，银行一直都听到该家公司不满的声音。

银行主管觉得自己必须亲自前去向公司经理表示歉意才行。恰在这时，银行没有把公司的一笔收入及时记入公司的账户中，公司经理觉得这是一个好机会，决定亲自出马。公司经理先是向银行主管表达了自己的强烈不满。银行主管听到公司经理的抱怨，有点坐不住了。他很怕失去这一重要的客户。公司经理看到银行主管的反应，觉得提出贷款的时机成熟了。于是，他提出希望能够得到银行一笔优惠性的贷款，当然利率要比市场上的低一些。银行这时不仅怕失去这一重要的客户，还担心有其他的打击，就爽快地答应了经理的贷款要求。

课堂收获

哈佛大学的老师认为，当谈判者依靠恳求不能达到己方的目标时，不妨采取先硬后软的做法。他们认为这种做法需要谈判者事先制订有利的谈判计划，先用硬气势削弱掉对方的锐气，等到谈判者在心理上压倒对方后，再提出软性的谈判请求，轻松地达到己方的谈判目的。

用幽默调节对手情绪

在幽默的领域里，重复的威力是很大的。几乎任何一个用词确切、一成不变的习惯用语，只要每隔一段时间郑重地重复它五六次，最后总是逼得人家忍不住笑起来。

——马克·吐温

海耶斯是美国俄亥俄州的一名著名演说家，但是在最开始的阶段，他只是个对业务全然不熟悉的实习推销员。有一次，一位经验十分丰富的老推销员带着他去向各种商店推销收银机。这位公司的前辈虽然看上去并不潇洒，但他散发着一种独特的魅力。这种魅力就是从他言谈举止之间所流露出来的幽默感。

当他们来到一家小型便利店时，刚将自己来的目的说完，老板就向他们喊道："我对你们的收银机不感兴趣！"听了老板的话，初出茅庐的海耶斯本能地产生一种退缩之情。但是老推销员拉住了他。这位推销前辈听完老板的话后，表现得十分冷静，他靠在了柜台上，并且呵呵地笑了起来，就像是听到了世界上最有趣的笑话一样。这一举动让店老板"丈二和尚摸不着头脑"。

笑了一会儿之后，这位老推销员才平静下来，向店老板道歉道："对不起先生，您让我想起了另外的一位店主，所以我忍不住发笑。他像您一样对我们的收银机没有兴趣，但是最后他却成为了我们最好的主顾之一。"说完这句话，他就开始认真详细地向对方介绍起自己的产品来。在这个过程中，只要店老板一表示出自己对产品不感兴趣，老推销员都会笑弯了腰，平静下来之后就会抬起头向店老板讲一个故事。故事的内容都大同小异，不外乎自己之前曾向一个人进行推销，这个人在开始的时候表示不感兴趣，但是最后却买了一台收银机。

出乎海耶斯意料的是，没过多久，这位店主竟然真的同意购买一台收银机，并且毫不犹豫地支付了定金。老推销员不但用一种幽默的方式将自己的产品销售了出去，还同便利店的店主成为了要好的朋友，可谓是一举两得。

这一次推销经历对海耶斯今后的发展影响极大。他明白了幽默对于谈判胜利的重要性。时至今日，在接受采访时，海耶斯仍然会提及这段经历："我永远都会记得那一副圆胖的身材，时刻保持着微笑的脸庞，还有那亲切和善的呵呵的笑声。这样的记忆带领我走过了无数棘手的谈判场合，同时告诉了我幽默的作用有多么强大。"

课堂收获

很多时候，当谈判气氛形成以后，并不是一成不变的。原本轻松、愉快的气氛很有可能因为双方在一些具体问题上的争执而忽然变得紧张，有时甚至出现一种剑拔弩张的态势，这样就非常容易走到谈判破裂的边缘。当我们所提出的要求激怒了对手的时候，我们所面临的最急迫问题并不是同对方继续争个鱼死网破，而是要想尽办法将对方的激动情绪缓解下来，并且尽快使谈判气氛缓和。

哈佛大学的研究告诉我们，诙谐幽默无疑是缓和对手不良情绪的最好武器。在初次谈判中，双方都要寒暄一番以营造良好的谈判气氛。如果能像上面的例子中的谈判者那样恰当地运用一些幽默语言，就可以将双方本来陌生的关系涂上一些“润滑剂”，使其变得更加融洽、轻松。

第11章

高效成交课
——效率就是价值

多一分主动，多一分胜算

无论何事，只要对它有无限的热情你就能取得成功。

——施瓦布

在美国又一次迎来了经济大恐慌时，美国资深银行家摩根根据自己 73 年的经历清楚地明白：身为资本主义国家的美国，即便是遇到危机，不到万不得已的情况下，市场企业是绝不会寻求政府的帮助的，也就是说能够拯救经济的只有市场自己。而等着市场的自救机制的发动，估计那时就已经出现很大的危机了。

这位金融巨头清楚地明白自己肩上的担子有多么沉重。想让经济形势扭转，不快点行动是不行的。但是大家都各顾各地自救，怎么样才能筹集一笔资金来拯救市场呢？摩根不愿煎熬地等着出现那么一个领头人成为救世主，他决定要自己牵头筹集资金。

摩根立刻通知华尔街上主要的银行，邀请银行家们来到他的办公室。

待所有的银行家都来到之后，摩根把门关上，用深切的语气向各位说明了目前刻不容缓的状况，并告诉大家自己正在筹集 2500 万美元用来拯救这场经济大恐慌。各位银行家听到这位老前辈的发言后，私下开始议论起来。2500 万美元可是个大数目，平均每人得捐出相当数量的钱才能筹集到啊！

就当大家犹豫不决的时候，摩根拿出一份文件，从中掏出一叠纸，告诉大家：“各位的捐款数量我都已经决定了，现在只需要大家在文件上签个字就可以了。”现在形势完全由摩根主导，他的资历也让大家相信他肯定会做得很好，迫于摩根的权势，银行家们只好接受这项拯救经济的提议，他们一个接一个地在上面签字。

轮到银行家爱德华·金的时候，他虽然很年轻，才当上银行家不久，但是聪明的商业头脑让他也成了有钱的银行家。突如其来的筹集方式令这位涉世不深的年轻人紧张得浑身发抖。摩根走到他的身边，拍了拍他的肩膀，温柔地把笔递给爱德华，轻声说道：“金，这是笔，快签字吧。”

当所有的人都签完字后，摩根才打开大门。摩根利用自己的权势，一开始就占据主动地位，如愿以偿地筹集到了资金。

课堂收获

在谈判中占据主动地位是很重要的。多一分主动，就能多提出自己的需求，得到的就越多，也就多一分胜算！

用事实来说话

诚实和勤勉，应该成为你永久的伴侣。

——富兰克林

克莱斯勒汽车公司是美国汽车产业的“三驾马车”之一，拥有近70亿美元的资产，也是美国第十大制造企业。但在1970年到1978年这九年内，克莱斯勒汽车公司有四年连续亏损，其中最高金额为2.04亿美元。在这危难关头，总经理艾柯卡为维持公司运营，只能请求政府给予紧急救助提供贷款。

美国是资本主义国家，按照企业的自由竞争原则，政府是不应该给企业经济援助的。所以这一请求立刻引起了美国社会的轩然大波，很多人都认为即使克莱斯勒汽车公司破产也不应该寻求政府的帮助。

让艾柯卡意想不到的是，国会为此举行了听证会，艾柯卡坐在中间，周围坐满了由国会议员担任的询问者。艾柯卡每次回答问题时都必须仰着头看询问者，场面很紧张。

银行业务委员会主席同时也是参议员的威廉质问艾柯卡：“如果这次贷款通过的话，政府对克莱斯勒的介入肯定会更深，你十分拥护自由企业竞争，这不是自相矛盾吗？”

面对这个锋利的问题，艾柯卡也给出了犀利的回答：“我这辈子都一直会是它的拥护者。只是现在我要不取得政府的帮助，我的克莱斯勒就会破产，我必须拯救我的克莱斯勒。”

他接着说：“我想在座的各位都非常清楚，我们企业申请贷款并不是首例。迄今为止，你们已经有了4090亿的保证贷款。克莱斯勒是美国第十大公司，它涉及到60万人的工作机会，如果克莱斯勒倒闭了，日本汽车公司一定会乘虚而入，那时候，我们的几十万职员就要成为他们的员工了！而且，如果克莱斯勒倒闭的话，国家在第一年里光为这些失业人口就要负担高达27亿美元的福利金和保险金。这是个多么庞大的数字啊！”

周围的国会议员都沉默了，只剩下艾柯卡的声音：“眼下各位有两个选择，一个是不救助我们公司，最终花费27亿；另外一个选择就轻松多了，用27亿的一半贷款给我们，而且以后还可以全数收回。”

经过艾柯卡的这番解释，国会议员再也没有反对的，最终全票通过。

课堂收获

艾柯卡在奋力为克莱斯勒汽车公司谋求一丝希望的时候，并没有因为现场的询问而丧失理智。他拿事实说话，把利弊一项项地摆在国会议员眼前，使他们相信除了给自己贷款已别无选择。在说服对方时，有力的事实才是最好的武器！

让“第三者”替你说话

不善于倾听不同的声音，是管理者最大的疏忽。

——玛丽·凯

史密斯是美国一家证券公司的人事部经理，掌握公司人员的进出，很多高层或者社会上有名望的人想把他们的亲戚安置进来。

在这些要被安置的关系户中，史密斯经常会遇到令人头疼的问题，比如对方是个品行不正连大学都没读完的小混混。最让史密斯为难的是，一般这种关系户家里的势力很大，不安排他进来说不定自己的饭碗就没了；但是要安排进公司，不仅要隐藏是关系户的事实，还要顶住周围同事的抱怨。

每当遇到这种问题的时候，史密斯都特别烦恼地到附近的饭馆去喝酒解闷。一次他遇到了一位大学同学，那位同学和史密斯一样也是哈佛商学院的。当同学听说史密斯的烦恼之后不禁哈哈大笑起来：“史密斯，你怎么不想想把困难转移给第三个人，让第三者帮你说话呢？”

这句话让长期烦恼的史密斯茅塞顿开。于是，他回去继续处理总经理让他侄子进入公司的事情。

这次史密斯一改让总经理很讨厌的满脸愁容，而是面带微笑地问总经理推荐人的情况，并特别热心地主动收集入档案所需要的信息。

这次，史密斯又是一脸春风地进了总经理办公室。

“史密斯，你来了呀。这次有什么事情吗？”总经理看到史密斯进来了，看到以前爱摆臭脸的史密斯现在突然阳光起来。

“总经理，是这样的。本来今天就能将您推荐的人汤姆斯安排到咱公司的，但是我刚刚查的时候发现了一个大问题啊！汤姆斯的母校推荐信缺失，您问下这是怎么回事，等证件齐全了进公司就没问题了。”

史密斯看着眉头有点紧锁的总经理，心中暗暗开心。他并没有停止自己的话，接着说：“不过不要紧，我听说汤姆斯的母校校长就是您初中同学啊！我想您和校长的关系那么熟，您跟校长一说应该就没问题了。有了推荐信汤姆斯立刻就能来上班了！”

总经理迟疑了很久，才慢慢地说出：“哦。”

史密斯成功地将自己遇到的问题转移到了制造这个麻烦的总经理那里，并且还给总经理留下了自己很热情、很主动的好印象。

果然，之后总经理就再也没有提到让汤姆斯进公司的事情，还和史密斯走得更近了。估计史密斯距离升职加薪的一天不远了！

课堂收获

无论是处理日常公务还是谈判，一帆风顺固然好，但是如果能够遇到一些小挫折，也未尝不是一次锻炼自己的好机会。在遇到挫折的时候，要懂得依靠自己，同时也应适当地让“第三者”帮你说话。

适当地故意犯一下错误

荣誉和财富，若没有聪明才智，是很不牢靠的财产。

——希腊谚语

有一次，哈佛商学院出身的谈判专家皮特代表当地很有名的房地产公司出席谈判，对方是一块地皮的所有者。

皮特代表的这家房地产公司是在最近两年发展起来的，虽然已经走上了正轨，资金并不紧张，但公司仍然希望以200万美元的价格能够买到未来十年内会很有升值空间的一块地。当时与卖方谈判的不止皮特代表的这一家公司，还有其他房地产商也对此虎视眈眈。

最初，所有的房地产公司都说要出180万美元左右，但土地拥有者坚持要2.5亿美元。一些小公司无法承受2.5亿美元，于是闻风丧胆再也没有谈下去。大公司虽然能出得起，但仍在谈判中，希望以更低的价格买入。与其他的代理一样，皮特除了收集各种资料之外，还忙于与卖方建立"友好"关系。他时不时地约卖方去喝下午茶或者去打网球，在聊天中皮特也了解到了卖方的一些顾虑。卖主是个环境拥护者，他很担心自己农场中还有些树木年代已久，开发的时候被砍掉太可惜。

皮特想到自己有个顾客现在经营度假村，很快便联系那位顾客打通关系买下了农场中的那些古木，保证古木不会被砍伐。

从此卖主对皮特产生了更加美好的印象。在后来的一次谈判上，皮特的竞争对手就只有一位了，那位竞争者的出价比皮特多1万美元，出价196万美元。可那场谈判并没有成为最后一场，卖主犹豫了！

皮特明白下一次谈判是最后一次机会了，他曾一再告诉卖主，自己代表的公司最多只能出195万美元。

在最后一次谈判，皮特没有出席，而是装病派他的助手过去。当双方提到价格的时候，"哦！我的天呢！瞧皮特都做了些什么！他最近一定是太忙了才没记清楚的！"皮特的助手突然大声叫道。

"我们代表的房产商公司明明说的200万美元是最高价，我实在不愿意我的委托商错过那么好的一块地啊！既然对方公司开价196万，那我们只能开价200万了！"

这与之前谈判中皮特一直强调的最高限195万完全不同，竞争者也没有想到皮特居然会突然上涨5万美元，瞬间惊呆了。最终，卖主和助手以200万美元成交。

课堂收获

皮特不仅抢在别的房产商之前为卖主解决了顾虑，赢得了卖主的好感，还故意犯错误。这一切都是他设计好的，可见有时候故意犯错误可以得到令人满意的结果！

谈判陷入困境，不妨休息一下

在动态环境中，不确定性是常规而不是例外，这就要非常重视适应能力。

——亨利·艾伯斯

夏派罗在巴尔的摩开了一间律师事务所。有一天一个客户打电话给夏派罗，他在三年前花100万美元买了巴尔的摩和华盛顿之间的一块地，但是他买地不久之后房地产业就开始出现下滑现象，后来他又花了60万美元用来交税费、保险等费用。这块地皮可以说是毫无用处了，所以他急着卖出去。现在买家好不容易出现了，客户要求夏派罗帮他谈成这笔生意。

夏派罗马上开始了解情况。除了客户地皮周边的价格和涨落趋势之外，他还调查了买方GG建筑材料公司。那是一家新上市的公司，现在手中有大量通过出售股票募集而来的现金。他还调查了GG公司的损益表、相关报告、营业范围，发现GG公司的营业范围已遍及全国，根据报纸上说，他们还要扩展在中部大西洋地区的业务。这对夏派罗来说是个好消息，因为这块地正处在他们要扩展的地方。

夏派罗马上又联系他经营电视台的朋友阿尼，阿尼虽然和GG建筑材料公司没有过多的来往，但在一次商业招待会上，GG公司的副总经理曾经请求他介绍几个巴尔的摩的房地产商。夏派罗这下确定GG公司想要在巴尔的摩建立分公司的想法，他们对这块地有迫切的需求。

当所有的调查基本都结束后，夏派罗和GG公司开始了谈判。夏派罗定价31万美元，但对方反复说夏派罗定价离谱，并强调他们公司不会过多关注本地区的发展，分公司只是一个形式而已。

这显然和夏派罗的调查有出入，夏派罗对GG公司代表人说地皮还有很多其他的考虑，可以分割卖掉，并告诉他们等他们决定在这里开发业务的时候地还没有卖出去的话可以再联系。

夏派罗的这位客户担心得不得了，毕竟好不容易出现个买家。

那次谈判后，夏派罗和GG公司就再没有联络。最终在第十天，GG公司打来电话说还想谈谈，一番讨价还价后，最终双方以170万美元成交，比客户给他的160万美元的价格高了10万美元！

课堂收获

人生在世，很多事情都需要冒险。在谈判的时候，之前准备得越充分，冒的风险就越小。这样即便是中间遇到了困境使谈判停滞不前，在此期间也胸有成竹，只要策略上占有优势，一定就会成交。

把谈判拖延到最后一分钟

勇敢产生在斗争中，勇气是在每天对困难的顽强抵抗中养成的。

——**奥斯特洛夫斯基**

犹太人被称为世界上最会做生意的人，他们往往会通过对方的民族性格、习俗等特点来确定自己的处理方式。在交易中，把谈判拖到最后一分钟也是他们惯用的一种方式。

有一次，一位美国商人前往以色列谈生意。以色列是犹太国家，他们有善于经营的头脑，在他们见到那位美国人的时候便确定了自己的谈判方式。

在接美国人去宾馆的车上，犹太人说道：“先生，很欢迎您来以色列。以色列是个很美好的国家，真希望您能在这里多感受一下。顺便问下，先生您是准时回国吗？这样也方便我们派车送您。”

受到周到待遇的美国人把回程的机票掏出来给犹太人：“是的，机票都买好了呢！”

犹太人接过机票心想，哦，他要在这里停留 14 天。

接下来的日子里，美国人被安排了如下游览：不仅邀请他去皇宫参观，还去了各个神社，有时候美国人还被叫去听用英语讲解的宗教风俗。每当美国人想要谈生意上的事情时，犹太人便对他说：“我们时间还很长，不着急不着急。”

终于有一天晚上，双方要谈判了。美国人按照风俗，跪在硬地板上，但是犹太人开始并没有谈判的打算，他们先是晚宴款待。美国人跪了四个多小时，两腿酸麻，他实在是忍不住了，不禁问旁边犹太人是否可以开始谈判。犹太人借天色还早，表示不急着谈判。美国人最终很困乏，谈判也没有开始。

时间一天天地过去了，谈判陆陆续续地进行，完全没有成果。到第 12 天的时候，谈判正式开始了，但下午犹太人就约美国人去打高尔夫；第13天，为了盛大的欢送宴会，他们的谈判提前结束。

到了美国人要回国的第 14 天，谈判仍然毫无结果。最终，在去机场的路上，美国人和犹太人在车上匆匆把谈判进行完了。毋庸置疑，犹太人获得了很大的利益。

课堂收获

在招待的 14 天中，犹太人热情款待美国人，使他没有什么可抱怨的。犹太人凭借自己的智慧，把谈判巧妙地拖到了最后一刻，最终获得了巨大的利益。拖到最后一刻，不是拖延的一种体现，有时候更是智慧的一种体现。

合同是说服的工具

在商业时代里，财富多半是由许诺组成的。

——P.S.阿迪亚

“老板，如果没有大单子接的话，恐怕工厂很难再维持下去了。”

在一个寒冷的早晨，员工还没有来之前，厂长迈克的助手玛利亚很严肃地再次和他谈起了这个话题。

厂长迈克在一年前哈佛毕业后做出了令同学和家人们都瞠目结舌的决定：放弃著名电子公司副经理的职位，选择回偏僻贫穷的家乡建螺丝工厂。

这一年来，迈克到处和小的开发商合作接一些小单子维持工厂生意，两个月前贷款买了更加高端的设备之后，适逢隔壁村子也建螺丝工厂，抢走了自己的一小部分生意。由于贷款的原因，工厂很难像之前那样经得起风雨了。

“好的，我再想想办法。”

终于有一天，迈克在电视上看到一家汽车广告，他突然想要挑战大的制造商，于是他把目标锁定在了当时美国为数不多的汽车制造商上。

在哈佛学到的知识指引着迈克，他先搜集资料尽量全面了解那些汽车制造商，不断分析着数据，想要算出他们愿意把部分螺丝生产任务交给自己的可能性。最终迈克锁定了一家正在不断扩大生产规模的制造商。

迈克又很快与他们联系，于一个阳光正好的上午开始了谈判。

谈判中，很明显汽车制造商的态度很傲慢，为了工厂，迈克只有耐着性子介绍自己工厂生产的螺丝钉的优秀之处。然而一上午过去了，对方好像并不心动。第一次谈判就这么无果而终。

迈克在谈判上深深明白，自己的工厂尽管拥有精密的设备，但名气太小，工厂的情况对方不知道听进去了多少。所以他回去拟定了一份合同，里面写了很多他上午已经讲到过的内容，还有其他一些。

第二次谈判中，迈克把已经完成好的合同双手递给对方。这次对方虽然依旧态度很傲慢，但他打开合同之后发现，这份合同上内容很缜密而且很合理。

“这是你自己写的？”对方惊讶地问道。

“嗯，是的。原来在学校经常分析案例，合同什么的多少还是会的。”迈克明白这份合同已经深深地吸引了对方。

“好，那我们回去看看再开会商讨一下好了。”

在这次谈判之后的第三天，对方就打电话过来决定要签约。

课堂收获

迈克在第一次谈判中就注意到对方虽然对自己感兴趣但并没有一定要签约的想法，而且因为地位问题，对方在谈判中其实并没有认真听他的演讲。所以他便想到合同也是一种说服的工具，明明白白地把内容写在纸上，这样对方就不会遗漏其中的细节了。

扮演一个“不情愿”的卖主

智者的智慧是一种不平常的常识。

——拉尔夫·英

哈佛大学出身的杰克刚毕业时就获得了一份收入不错的工作，年轻的他如愿买了一艘游艇。可是几年过去了，杰克的工作越来越忙，几乎没有驾着它游玩的时间了。每年的保养费和磨损费更是让杰克想赶紧为它找个新买家。

一日，杰克在游艇上发呆。突然看到一对年轻人向他走来。男士走到杰克面前说道：“我和我女朋友都觉得这片海域很美，如果有游艇，那就更棒了！能不能把这游艇卖给我们呢？”

杰克听后特别高兴，终于有买主自己跑过来了。但杰克没有立刻表态，而是仔细打量着面前这个想要买游艇的男人，他穿着高雅，全身都是高档名牌，一定是个有钱人。

杰克突然表现得很犹豫：“我并没有打算卖掉它，不过我倒是可以带你们到海上玩玩。”杰克带着这对情侣开着游艇航向了海的深处，在船上，杰克不仅不断地表达着自己对这艘游艇的喜爱之情，还不断夸奖它的优秀之处。“我想如果你们也有这样一艘游艇的话，一定会感受到更多的乐趣的！”杰克对这艘游艇的热情让这对情侣更加兴奋，最终男士坚持要买游艇。

杰克一脸为难地问男士：“如果卖给你，你能付多少给我呢？”

“我最高能出 3 万美元，如果可以的话，2.5 万美元是我认为最合适的价格。当然，如果能 2 万美元卖给我，就更好了！”

杰克这时候突然明白，如果当初自己立刻就答应卖掉游艇的话，也许对方只会出价 2 万美元，最多也就 2.5 万美元。经过接下来一系列的交谈后，最终双方以 2.7 万美元的价格成交。

课堂收获

在交易中，若开始时就表现得很急于卖出自己的商品，对方很有可能会故意压低价格，获利变少。若开始时就装作不情愿的样子，对方便会适当地调高自己能出的最低价，不情愿的卖主会使最终的交易价格上涨，获得更多的利润。

不要忽略防守式谈判

无知是智慧的黑夜，没有月亮、没有星星的黑夜。

——西塞罗

美国著名的谈判专家梅田成功地在没有做任何表示的情况下使保险公司交涉专家从 100 美元出价到 950 美元。他是怎么做到的呢？

梅田的邻居和保险公司要交涉赔偿事宜，但邻居并没有法律的相关知识。梅田便代理他在交涉专家家里谈判，共同协商赔偿金的数额。

“先生，我是这次的交涉专家。恐怕我无法承受您的要价，如果我方出 100 美元的赔偿金，您看如何？”

梅田表情很严肃，他并没有说话。他深信，根据他多年的经验，如果立刻答应对方提出的这种条件，对方一定会得寸进尺；如果自己表现得很不满意，那对方一定会妥协，出更高的价。

果然，交涉专家开始有点紧张了，开口说：“如果您不满意，我就再加一点，一共 200 美元，如何？”

“呃……不好意思，再加一些吧。”

“那 300 美元，如何？”

梅田迟疑了一下，当然这也是他依据经验得知应该做出的表情。“我，我不知道。”

“400 美元？”

“嗯……我不知道。”

“500 美元？”

“嗯……我不知道。”

在谈判中，梅田虽然用“嗯……我不知道”这样的话语蒙混，但实际上，对方说每句话时的神情以及对自己说出这句话的时候的反应他都尽收眼底，时时刻刻地捕捉自己需要的信息。梅田的这个“万能”句没有干脆地表明自己的态度，这个可以用多个角度理解的句子给交涉专家带来了压力，他慌乱起来，价钱不断往上涨。

最终，这件理赔案在 950 美元的条件下达成了协议。邻居本来只打算要 300 美元的赔偿金的，梅田却帮助他多拿了 650 美元。

课堂收获

谈判的时候，我们必须要捕捉我们需要的所有信息。保守式的谈判并不意味着不能掌握主动权，相反，这种谈判方式如果成功便会发挥巨大的威力，进而带来巨大的利益。

要有从头来过的勇气

但是难道败局已定，胜利已经无望？不，不能这样说！

——戴高乐

日本索尼公司是众人皆知的品牌，特别是它的彩色电视机以其优良的品质赢得了广大顾客的信任，早已成为世界级品牌。在20世纪70年代中期，索尼的彩电已经在日本本土获得了销量第一，此后，索尼想要进军美国市场。

最初索尼的彩电出现在美国的货架上的时候，美国人对它很抵触。为了增进美国人对索尼彩电的了解，索尼的海外部部长亲自做起了活动。他还在美国的各种报刊上连续登载广告想要以廉价打动美国人，每登一次报，索尼的价格就会下调一次。但这种方法并没有吸引住美国人。

到卯木肇担任新的海外部部长时，他决定选芝加哥最大的电器零售商马歇尔公司为主攻对象。他在上班的第二天就来到马歇尔公司求见总经理。然而，直到卯木肇第四次到马歇尔公司时，他才见到了对方公司的总经理。但还没等卯木肇开口，总经理就开门见山、斩钉截铁地说："我们不会卖索尼的产品的。"卯木肇听到这话很惊讶，还没回过神来就听到总经理继续数落索尼，意思大概是索尼一直在降价已经在公众心里产生了不好的印象。

这场谈判似乎已经宣布了失败。但是卯木肇并没有灰心丧气，他回去立刻停止了廉价吸引顾客的策略，重新在报纸上塑造索尼的美好形象。

这次卯木肇带着刊登新广告的报纸去见马歇尔公司的总经理，结果又被批评公司的售后服务有问题。卯木肇回去后立刻在当地建立了售后服务的维修部，并在报纸上刊登了售后服务的地点和电话号码。

当卯木肇再去拜见对方总经理的时候，总经理强调索尼的形象不佳。卯木肇明白索尼能让总经理挑毛病的地方越来越少了。

卯木肇没有立刻说服马歇尔公司总经理，而是回去命公司职员每人每天向马歇尔公司打五个电话询问购买索尼彩电事宜。接连不断的订购电话让马歇尔公司的职员晕头转向，误将索尼彩电列入了购货清单中。最终马歇尔公司没有办法，答应了索尼的经销请求。

课堂收获

索尼彩电在刚进入美国市场的时候可谓是碰到了一个大钉子，几乎没有经销商愿意经销索尼获利。当谈判遭到无情的拒绝时，索尼所做的不是丧失信心转移市场，而是鼓足勇气一次次努力，最终胜利的大门为他们敞开。

抓住最后的谈判时间

要从容地着手去做一件事，但一旦开始，就要坚持到底。

——比阿斯

英国某啤酒公司的副总裁拜尔刚在南美谈完生意后就接到总部的传真，总部派他在返回的途中顺便去牙买加和另一家公司的经理谈生意。

拜尔并没有办理牙买加的公务签证，没有公务签证就直接入境谈生意在法律上是不被允许的，但是签证又不能立刻办下来。拜尔决定搏一搏。

拜尔到检查护照的关口时，移民官从他公文包里的工作资料判断他是公务旅游，不许他入境。拜尔声明他是去别国公务旅行，现在是在贵国短暂地休整一段时间。终于移民官勉强同意他入境，并派一名官员跟着拜尔，以防他有商务活动。

拜尔在旅馆安顿好后，就打电话跟合作方的经理联系。刚打完电话，移民局的官员便告诉他接下来他都会受到密切的监视，并且如果再有这种商务活动，他将会因没有取得相应的签证被强制驱逐出境并处以高额罚款。

接下来的两天里，拜尔身边总有一位警察，他根本不能像个普通人一样游玩，更不要说是谈生意了！

但他在离开之前，却谈成了生意。这是为什么呢？

原来拜尔住的旅馆里有游泳池，旁边还有个小酒吧。有一天，拜尔在小酒吧里一边和一位身穿比基尼的曼妙女郎喝酒，一边与服务员无聊地聊天。当然，这都是远处监视的警察的错觉罢了。实际上，那位女郎就是对方公司经理的秘书，而服务员则是对方公司的经理。

拜尔在牙买加受到了高度的监视，但仍没有放弃在牙买加的每一分每一秒。他想到了这个妙计，利用最后的时间和当地公司取得联系谈判，为公司带来了巨大的利益。

课堂收获

只要想办法，不论任何障碍都不能成为谈判的阻隔。不管什么时间或者什么地点、场景，只要珍惜机会，抓住最后能够利用的时间，就可以获得最大可能性的成功！

关键时刻找到“催化剂”

价格是价值规律的表现，价值是价格的规律，即价格现象的概括表现。

——列宁

欧洲是人类文明艺术的聚集地，几乎所有的艺术作品都会在欧洲有展览。在比利时的一家画廊里，一位美国画商和一位印尼画商偶遇了。

美国画商特别喜欢印尼画商这次带来的画作，这些画作基本上都是100欧元左右。美国画商感觉这次印尼画商卖得挺便宜，而且自己实在是很喜欢其中的三幅作品。于是，他忍不住问这位同行：“这三幅画怎么卖？”

“都是250欧元。”

“其他的都那么便宜，为什么这三幅那么贵？能不能再便宜一些呢？”美国画商实在是喜欢那三幅画喜欢得不得了，决定要讨价还价一番。

“不行。”

无论美国画商怎么和印尼画商交流，印尼画商都面不改色地继续坚持自己的250欧元。

“嘶”的一声，美国画商简直不敢相信自己的眼睛，那位印尼画商竟然将美国画商喜欢的三幅画随便拿出一张撕了。

“慢着，你要做什么？我只是问问能不能便宜一点啊！”美国画商明显着急了。

“250欧元，不能少。”印尼画商冷冷地看了他一眼。

“250欧元太贵了啊，能不能……”美国画商还没有说完，印尼画商又拿出来另一幅画撕掉了。

这可把美国画商吓坏了，“250欧元就250欧元吧！不要再撕了！我要最后那一幅画！”美国画商恐怕印尼画商再撕掉最后一幅画，赶紧喊道。

印尼画商开始只是冒险撕第一张测试美国画商是否有诚意，当他看到美国画商不仅有诚意而且是真正喜欢那三幅画时，他就用第二幅画继续测试以维持画的价格，果然不出印尼画商的意料，在最后美国画商以250欧元买下了那幅画。

而那三幅画，是印尼画商用了总共不到150欧元从别的画商那里买的。

课堂收获

在谈判交易过程中，不论是不是顺利，都要善于观察，也许对方一个眼神一个举动都可以成为你利用的好工具，在关键时候成为促成你谈判成功的催化剂。

高效成交离不开完美的细节

小事成就大事，细节成就完美。

——戴维·帕卡德

赫伯曾经代替一家公司到南非和一位矿主谈判。当资产评估师评估矿产之后，赫伯提出了一个比较合理的价格1400万美元，而矿主却非常不同意赫伯的价格，他提出了赫伯认为高得夸张的2600万美元。无论赫伯怎样试着说服眼前这位男人，他始终不为所动，而且态度特别强硬。

在谈判中，赫伯不得不慢慢升高自己的价格，从1400万美元渐渐升到1600万美元、1700万美元、2000万美元……当升到2140万美元的时候，矿主仍然坚持着自己的2600万美元毫不动摇，而赫伯这边却无法承担更高的价格了。谈判陷入了僵局。

矿主为何如此执念于2600万美元呢？赫伯将注意力从绞尽脑汁地想办法转移到了这个疑问上面去。

接下来的几天，赫伯没有再和矿主谈过生意的事情了。一改谈判的沉闷，赫伯主动邀请矿主打网球，还邀请他去吃饭。在与矿主的交谈中，赫伯找到了矿主固执的原因。矿主有个朋友也是矿主，那位朋友在一年前就卖出去了一座矿，那时候那位朋友就卖出了2400万美元的价格，并且还附加了很多要求。

原来矿主定2600万美元是有参考的，他暗暗地和他那位朋友较劲，一定要以比他更高的价格成交。赫伯明白之后赶紧与总公司联系，请求他们协助他调查矿主那位朋友当时成交的真实价格以及当时附加的要求。

在调查出一切之后，赫伯又开始与矿主进行谈判。他们参考当年矿主朋友的交易情况，满足了矿主多方面的需求。最终谈判进行得很愉快，交易价格在赫伯控制的范围内没有超过公司的预算，矿主也非常开心。

课堂收获

在谈判中总会有各种突发状况或者让人琢磨不透的事情发生，即使谈判陷入了僵局也不要急躁。这时候更应该好好地思考谈判为什么停滞不前，也许从一个小小的细节中就有大发现，能够为谈判增加有利筹码。

凸显自己的让步，让对方觉得占了大便宜

如果你希望成功，当以恒心为良友、以经验为参谋、以警惕为兄弟、以希望为哨兵。

——爱迪生

出身于哈佛商学院的国际谈判家赫伯有一次和妻子到墨西哥去游玩。妻子很想去商业区购物，赫伯更想在道路上体验地方风俗特色，便与妻子分开游览。

在街上不断张望的赫伯很快便遇到了一个卖披肩毛毯的小贩。大夏天的，小贩满身是汗地跟在赫伯后面。

当赫伯发现他后，小贩立刻报价："1200 比索咯！"

赫伯哪里会买下它，更不会看它一眼。于是赫伯加快了脚步，小贩仍然跟着。

"那就 1000 比索好了！客人！ 1000 比索很划算的！"

赫伯实在受不了身后小贩一边跟着自己一边叫喊的声音，转头冷冰冰地对小贩说："我很佩服你的勤奋和坚持不懈的精神，但是我不想在这烈日当头的时候买披肩毛毯。请你到别处卖吧！你能听懂我说的话吧？"

"是的。"小贩听懂了赫伯的话。

赫伯继续往前游览，仍然听到身后有脚步声。他不停地叫喊着："800 比索啦！"赫伯有点生气了，开始小跑起来。

小贩仍然紧跟着："600 比索好了，600 比索！"

在十字路口遇到红灯，赫伯和小贩不得不停下来。"500 比索，不！ 400 比索吧！客人！这已经很便宜了！"

赫伯依然不为所动，气呼呼地说："我告诉过你，我不会买的！"

小贩从赫伯的神态中读懂了他的话。"好吧，你胜利了，200 比索卖给你好了。200 比索！"

"啊！你刚才说什么？"赫伯并没有打算买披肩毛毯，但自己没有讲价却能从 1200 比索降到 200 比索，实在是太不可思议了。

"那你给我一件让我看看吧……"

"200 比索哦！"小贩又重复了一遍。

经过一番讨价还价，赫伯最终用 170 比索买下了披肩毛毯。赫伯还从小贩口中得知，以最低价买到披肩毛毯的是一位来自加拿大温尼培格的人，他当时用了 175 比索，赫伯用 170 比索就买下了，创造了一个新纪录。

赫伯满心欢喜地买下毛毯，在炎炎烈日下把它带回了旅馆。回去后，他竟然发现去商业区的妻子也买了一条同样的毛毯，而售价仅为 150 比索。

课堂收获

一个不出门的小贩，竟然能够让一个本来不打算买他商品的人买下它，而对方竟然还是世界有名的谈判大师。这位机智的墨西哥小贩开始就把价格定得很高，以至于他有很大的降价空间。而赫伯这个买者，最终以为自己捡了个大便宜，开心地买下了。

借用别人的力量，达成高效目的

真正高明的人，就是能够借助别人的智慧，使自己不受蒙蔽的人。

——苏格拉底

美国有个谈判家想要在自己家里建造一个游泳池，他只有长和宽的概念，对建筑材料方面完全没有涉足过。想找一个好的承包商，兼顾到工程的质量和成本，对于一个什么都不懂的人来说实在是太难了。

但这位谈判家想到了一个好方法，在三天之内他就选出了可以做到物美价廉的承包商。

首先，谈判家在报纸上登广告招商。最终有三家公司投标。他们给的标单几乎没有相同的地方，各项工程和总费用都不同。如果仔细看的话，会发现他们给的温水设备、过滤网等还有结账方式都不同。

谈判家并没有因为收到这种摸不着头脑的标单着急，他分别约这三个公司的负责人到他家聊天。与这三位会面的时间都是在一个下午，中间的间隔只差 10 分钟，这么短的时间内很难想象能有什么进展。

这天下午，三位不同公司的负责人都来到了这位谈判家的家里。由于没有得到主人的马上接见，他们三人便开始聊天。

终于，在过了半个多小时候后，主人先接待了 A 公司。A 公司的代表人向谈判家自夸自家建得很好，过滤网都特别好，还悄悄告诉谈判家，B 公司一般都用旧了的过滤网，而 C 公司经常工程做得马马虎虎而且快破产了。随后，B 公司负责人告诉谈判家只有他家用的水管是铜的。C 说别人家的过滤网质量都有问题，并保证自己可以如期做出质量最好的游泳池。

谈判家听完他们的话后，在家思考了一个晚上。最后决定要委托B公司建造游泳池，但要给 B 公司提供 C 的价格。经过双方的讨价还价，最终以双方都觉得还不错的价格成交。

课堂收获

这位谈判家虽然自己什么都不懂，但是他巧妙借助投标的三位开发商的力量，通过对比他们与其他公司的谈话了解情况，做出对自己最有利的决定。巧妙利用他人力量，这是一门大学问。

巧妙使用文件战术

参加任何谈判，都要留意自己所使用的战术或技巧是否适用于谈判的内容，这是非常重要的。

——乔治·鲍德尔

凡是在哈佛大学商学院学习的学生，相信都学习过下面这样一个经典的谈判案例：

曾经有一家公司正在召开董事会议，公司的几位董事都围坐在会议桌前激烈地争论着。

每一位董事前面只有笔和纸，但是在所有董事当中，却有一位董事，他除了纸和笔之外面前还堆满了很多的资料。

董事们对于这一次董事会议的主题一直在争论着，可是，就是在这样的情形下，桌前面有大量资料的董事一直没有说话，而这些争论不休的董事，每次发表完自己的观点之后，都会用眼睛看一下这位始终沉默不语的董事。

最后，等到所有的董事都发了言，主席决定让这位一直沉默不语的董事也说几句，只见这位董事站了起来，随手拿起身边的资料，开始讲了起来，他说得有条不紊，逻辑清晰，仅仅几句话，就让在场的其他董事一致认为他说的是最有道理的。

大家不仅同意了他的意见，而且这场争论不休的董事会议也结束了。

等到散会之后，主席赶忙过来和这位一锤定音的董事握手，感谢他所提供的宝贵意见，同时，也对他为了收集资料所下的工夫表示敬意。

可是这位董事却回答说，什么资料啊，这些是我秘书给我准备的一些报纸摘要，我看了好长时间了，今天打算销毁的，结果由于要开董事会，我还没来得及销毁呢！

结果这位董事的话，让这位主席非常吃惊，而这也显示出了谈判当中文件战术的重要性。

课堂收获

“文件战术”是哈佛大学一直以来所倡导使用的谈判战术之一，但是哈佛大学也明确指出，这一战术的效果产生在谈判一开始，换句话说，也就是双方刚刚开始谈判的时候。假如等到谈判已经进行到了一定的阶段，这一战术显然就不合适了，我们想一想，如果对手突然在谈判过程中拿出一大堆资料，你会是什么反应呢？肯定会疑惑，甚至是有一些愤怒。

除此之外，哈佛大学还特别提醒使用这一战术的谈判人员，一旦使用了“文件战术”，就要有始有终，既要懂得用文件战术开始谈判进程，又要懂得用文件进行收尾工作。

第12章

价格策略课
——讨价还价也是一门艺术

哭穷战术

谈判者需要决定的是哭穷哭到什么程度，这要能使听者相信才行。

——盖温·肯尼迪

哈佛大学是美国常春藤盟校中重要的一员，也是来自世界各国的人才心目中排名第一的学校。然而，这座私立名校每年 4 万多美元的学费成为了很多家庭的负担。

但是，哈佛大学每年的入学者中有好多都是家庭困难的孩子，他们来到了这所近乎“天价”学费的学校却好像没有任何负担的样子。这是怎么回事呢？

原来，他们是收到了常春藤盟校发的奖学金。每年入学，美国大学都会根据学生的家庭收入情况进行判断，如果这个家庭除了生活必须开销之外没有一定数量的钱支付孩子上大学，那么便会提供给他们奖学金，这也被称为“贫寒奖学金”。在哈佛大学，如果学生家庭的年收入在 40 万美元以下，那么他便会收到“贫寒奖学金”，金额为 42450 美元。而且哈佛大学为了更有力地实施这一计划，每年会追加 200 万美元的奖学金，成为了美国大学中发奖学金最慷慨的大学。

每一个拿到哈佛大学或者美国其他大学奖学金的学生都清楚地明白，是否得奖学金，和自己是不是比别人优秀无关，只和自己家庭的经济状况有关。

那些能够支付得起孩子费用的家庭，自然就拿不到学校发的奖学金，大多数这样能支付但是不愿支付的家庭便会选择公立学校。在哈佛，这项政策也算是“杀富济贫”了。

课堂收获

家庭状况不好没有支付能力，并不意味着没有更好的发展机遇或机会，适当地“哭穷”，让他人知道你的需求，往往会得到意想不到的帮助。穷并不意味着没有脸面，如果能够将它当作垫脚石，好好利用它，便会得到令自己满意的结果。

多重报价，不让客户还价

多重报价最大的好处，就在于将销售与客户从对立的两方转化到同一阵营中来。

——戴特迈尔

一所医院想要买下一块地来扩建，当招标公告发出后，A、B、C、D四家公司前来投标。

在投标书中，A公司详细地写着自己公司的技术很成熟，承诺能够建造出一栋质量优良的大楼，给患者带来最舒适的环境。而且A公司的建造噪声已经控制在国家的要求范围内，这就意味着A公司即便在晚上也可以施工，建造时间会大为缩短。

B公司的投标书中并不拥有像A公司一样优良的技术，而且没有什么特点，但B公司的投标书却成为了四个公司中最厚的一份。在投标书中，B公司详细地向医院介绍了自己的情况后，又对施工用的材料、建筑方式做了一番介绍。B公司还向医院提议在建到三层的时候就可以考虑换另外一种建筑材料，不仅可以节省材料还能为患者带来更舒服的环境，并就这一提议也做了详细的规划和报价。

C公司的优势在于建筑材料，他家用的混凝土全部由做混凝土生意的近亲提供，价格会比同等质量的材料便宜。

D公司也同样是一家很认真的公司，是这四家公司里面成立时间最长也是经验最丰富的公司。D公司在投标书中针对建材和建造方式做出了分析，显示出了极其诚恳的态度。但是D公司在投标书中坚持自己用的建材是最完美的一种，极力向医院推荐这款成本较高的材料。

医院看过这四家公司的投标书后，并没有立刻作决定，而是告诉他们医院决定用某种固定的材料，这种材料并不是D公司推荐的那种。当那四家公司收到消息之后，D公司立刻开始谋划新的方案，紧接着就把新的投标书交给了医院，而其他公司没有做出任何反应补充。

最终医院选择了B公司和D公司进行合作。

课堂收获

无论是谁在经济交易中都肯定想得到最大的利润，讨价还价的学问由此而来。如果能够早先对方张口一步，主动奉上不同的方案，对方自然就会从讨价还价里走出变成思考选何种方案好了。

围绕价格进行公平交易

让我们记住，公正的原则必须贯彻到社会的最底层。

——西塞罗

马蒂亚是来自意大利的在美留学生。他刚到美国的时候没有找到离学校近的房子，便暂住在一个老婆婆家。直到半年后马蒂亚在哈佛的学长要毕业，才把学校的房子让给他。

这天，马蒂亚一边收拾行李一边听着广播。听广播是马蒂亚每天的习惯，他总是可以从各种各样的广播中汲取自己所需要的各种消息。

"这与政府规定的每个月本州的房租不能超过800美元不同……"马蒂亚突然停止手下的活。

"政府规定每个月这儿的房租不能超过800美元？"马蒂亚小声地重复着广播里的这句话。下一秒，马蒂亚已经去敲隔壁老婆婆，也就是房东的门了。

"谁呀？哦，马蒂亚呀！你东西都收拾好了吗？"老婆婆开门看到是马蒂亚，露出了慈祥的笑容。

"是的，快了。我刚才在收拾东西的时候听广播说，政府规定这儿房租不能超过800美元，是这样的吗，太太？"

房东听到这句话时明显愣了一下，但她并没有保持惊讶的神情，立刻转为先前的表情，面带笑容地说："这怎么可能？难道你想说我每个月都多收了你100美元吗？"

"嗯，我只是想确认一下。"

"那你一定是想要回去了？"老婆婆收起笑容突然开始生气起来，全身发抖。

"我不会退给你的！我是在你居无定所的时候收留的你，如果没有我，你早就冻死了！"

老婆婆的这番话证实了广播的可靠性。马蒂亚并没有被房东大人的话吓到，他面不改色地说道："我十分感谢您在我无家可归的时候给予我的帮助。可是这如果是真的，请退给我每个月的100美元，那是原本属于我的东西。如果您不愿意，我只能诉诸法律，那时候我们双方都要付出很多费用，而且您这是违法行为，最终也不会有好结果。"

迫于无奈，老婆婆最终还给马蒂亚600美元的租金。

课堂收获

马蒂亚将没有按照政府规定的交易的损失追回，围绕价格最终获得了公平的交易。他追回多交的房租，维护了自己的权益。

假出价，迷惑对手

交际场上的机智不能表现太过，也不能不予重视；因为这不仅牵涉到一个体面的问题，而且还关系到公务和政府。

——培根

大概在30年前，苏联想要在长岛北岸购买一大块土地，建造一座宏大的娱乐中心供自己国家的使馆工作人员休闲娱乐。

当时，苏联想要购买的那块地皮的售价在36～47万之间，资产评估师的评估价为46万美元。

苏联心中明白这块土地的确值那么多钱，但他们还是想要将价格压到最低。于是他们用了在国际商务谈判中惯用的手法，他们付出少量的贴水，以不公开为条件，获得了一年的独家选择权，也就是所谓的秘密谈判。这种谈判无论进展如何，都将不用担心有竞争者。

苏联最初的报价是12.5万美元，这几乎让卖主大跌眼镜，这样的价格实在是太荒唐了。但由于事先存在的保密条件，卖主根本看不到有其他的出价者，只能想办法提价，于是便耐着性子继续谈判。

在接下来的时间里，苏联与卖主不断地围绕价格方面进行了多次谈判。苏联人自知那块土地的价格，也不想因为自己开始离谱的出价而结束这场谈判。所以在谈判过程中苏联人渐渐地将价格上调，让卖主仿佛还能看到希望。

最终，在数次谈判之后，苏联使卖主从42万美元降到了36万美元，他们成功地按照计划以36万美元买下了这块地皮。

苏联人在这场谈判中取得成功的关键原因在于他们先假出价，然后用计谋取得能够单独和对方贸易的有利地位。在交易过程中，对方无法和别的买家进行交易，处于一个被动的困境中。苏联这个唯一的买家刚开始假出价就是想要卖家断了自己能够夺得利润的念头，所以才能最终以低价成交。

课堂收获

在现代的商业战争中，用假出价来迷惑对手的策略越来越多。无论是运用哪种方法，能够让自己获得一定的利润是最重要的！

讨价要学会见好就收

贪心好比一个套结，把人的心越套越紧，结果把理智闭塞了。

——巴尔扎克

美国纽约有一家大酒店想要扩大规模，但是要扩建的范围涉及到了附近多家私人店铺。

为了能够按计划如期动工，酒店想要那些房主赶紧搬走。于是酒店调查了同样的黄金地段的商铺价格，然后给那些房主 1.5 倍的优惠价格。虽然开始有很多房主不想搬离自己经营已久的老店铺，持反对态度，但最终他们还是屈服在高额价格下，陆陆续续地在合同上签了字。

唯独有一家店主不愿意签字，酒店曾派出很多高层和这家店的房主谈判，还动用了很多人情关系，但还是没有成功。房主是个年纪已过百的老男人，他经营自家店铺已经有二十多年，但这并不是他不愿搬走的主要原因，他在与酒店谈判中反复强调店铺是合法的，他不愿意离开这块风水宝地。

事情一拖就是半年，计划的工程开工日期慢慢临近了，酒店的高层实在是没有办法，只好把这件事情告诉了董事长。

第二天董事长就和秘书一起来到了这家店铺。

房主仍然一副很傲慢的态度，跷着二郎腿坐在椅子上，眼也不抬地告诉董事长："我都说过多少遍了，店我不卖！我也不会搬走！谁来都没用！"

董事长没说别的，站在店铺门口对他说："我不是来和你谈判的，更不是和你讨价还价的。你先听我说完！你这个店铺我想以私人名义买下，我愿意出比酒店还高的价格，以 1 赔 1.8 的价格补给你。当然我希望你搬得越快越好，如果你能在三天之内搬走的话，我可以考虑给你 10 万美元的搬迁费。现在我只给你 30 秒的时间去考虑这件事。如果你不愿意那就算了。"

"1，2，3……28，29，30。董事长，时间到了。"秘书说。

这时候那位傲慢的房主面部很犹豫，但是并没有说话。

"嗯，那我们走吧！"董事长要上车。

"等一下！我能不能考虑一下呢？"那位房主突然就慌张起来，起身跑到了董事长的车窗前。

"对不起，我刚才就说过了，我只给你 30 秒的时间考虑。现在你让我再等你一下，就算你现在答应三天内搬迁，我也只能给你 5 万美元了。"

"不要这样呀……董事长，你能不能给我些时间考虑？"

"那好吧，明天下午 3 点你记得要准时带着地契到我办公室找我。你如果没有按时到的话，晚一秒就少一万美元的赔偿。还有，这件事只有我们三个人知道，一定不能让其他人知道！”

课堂收获

酒店用高价给房主赔偿让他们离开，其中一位房主想要得到更多的钱。当董事长见他的时候，其实无形中他已经在讨价还价中获得了胜利。但是这位房主太贪婪，最后他少得了 5 万美元。谈判对方也是有忍耐底线的人，记得见好就收。

运用杠杆策略讨价还价

缺乏智慧的灵魂是僵死的灵魂。若以学问来加以充实，它就能恢复生气，犹如雨水浇灌荒芜的土地一样。

——阿布尔·法拉治

商人格治经商失败，不幸欠了一大笔高利贷，在英国这意味着他将要破产并且只能在监狱中度过他的下半生。

就在格治走投无路的时候，高利贷者又提供了另一条解决途径：只要格治把年轻的女儿嫁给他，他就同意将这笔账一笔勾销。

这个高利贷者是个离婚多次既老又丑的人，据说品行非常恶劣。商人和女儿都很吃惊，他们不相信他居然会提出这样一个解决办法。

高利贷者是个狡猾的人，他对格治父女说："这得看上天的安排了！现在，我将把一颗白石头和一颗黑石头放入一个不透明的箱子中，您女儿来选择。如果她摸到了黑色的那颗，那她就得乖乖地嫁给我，我们之间互不相欠；如果她摸到了白色的那颗，那我就自认倒霉，你女儿不用嫁我，我们之间也没有什么债务关系了！"

格治和他的女儿没办法，只能同意。

然而在高利贷者装石头的时候，格治发现他耍诈，两颗石头都是黑色的。他立刻把这个消息告诉自己聪慧的女儿。女儿明白现在反悔或者直接指出他的阴谋，父亲就没救了，只能继续扮演乖巧的角色，用计谋取胜。

格治女儿伸出手从箱子中抓出了一颗石头，但刚拿出就"不小心"弄丢了，与脚下的石头混在了一起。

"先生，不好意思我没抓牢。那既然只有黑白两种颜色，我们看看里面那颗的颜色也就知道我抓的是什么颜色了，对吧？"格治女儿微笑着对高利贷者说。

最终，格治既没有坐牢也没有还钱，高利贷就这么取消了。

课堂收获

在商业中，很多投机者会选择利用杠杆作用获得巨大的投资收益。从亚里士多德·奥纳西斯运用借贷融资购买第一艘货船到其他所有的案例中我们可以看出，能够成功运用财务杠杆的人得到的收益肯定会远远大于自己原有的成本。

转移对手视线，推出价格

为了避免价格对客户心理上产生强烈的冲击，在谈判报价的时候，在价格的两边加上一句产品利益、优惠，甚至无关的话来吸引客户的注意力。

——哈佛格言

弗雷德·罗杰斯是一位销售经理，有一次他为新泽西的一个皮革公司推销新产品，那是一种加工成带状的皮革制品。

“你认为我们的新产品如何呢？”弗雷德·罗杰斯遇到他的第一个顾客时问道。

“我已经听说了，这个皮革制品质量倒是很不错，我很喜欢它。但是，这不并代表我会买下它，因为我觉得它一定会特别贵，我才不会用荒谬的价格买下它！”

“我知道您是一个有经验、对皮革有深刻见解的人，而且您要比一般人还懂它。那您觉得它的成本是多少呢？”

“依我的经验来说，这次的皮革新产品可能是 45 美分一码吧？”顾客在受到弗雷德·罗杰斯的称赞后，渐渐有点得意起来。实际上，这位顾客对皮革的了解很少，但是这时候为了维护自己的面子，他不得不开心地装作自己是个专业人士。

“啊！您真是有经验！怎么猜到我们这次的商品是 45 美分的啊？”弗雷德·罗杰斯装作很惊讶的样子，立刻激动地握住顾客的手，“我是第一次见到您这样料事如神的人啊！看来您对皮革真是太了解了！”

这位顾客被弗雷德·罗杰斯夸赞得越来越开心，最终他们以 45 美分一码的价格成交。弗雷德·罗杰斯获得了大批的订货还有随后的重复订货，双方谈判得很愉快。

弗雷德·罗杰斯没有费多少力气，就获得了一大批订单。但是如果成本是 45 美分一码的话，皮革公司岂不是没有利润了吗？弗雷德·罗杰斯当然不会让这种状况发生，他清楚地知道这位顾客性格的软肋，于是便不断称赞他，防止更多的讨价还价。实际上，皮革公司对新产品的最初定价只有 39 美分一码。

课堂收获

在谈判或者交易过程中，如果价格可能会使对方很难接受，开始要做的并不是将价格浮出水面然后再讨价还价，而是应该将对方的注意力转移到别的地方去，做一番铺垫后，再提出这个价格。此时对方的注意力还在别处，价格的敏感度就会降低，谈判成功的可能性就大大增加。

探明对手虚实，掌握价格重点

重要的不是知识的数量，而是知识的质量，有些人知道很多很多，却不知道最有用的东西。

——列夫·托尔斯泰

斯蒂芬是美国有名的谈判专家，有一次他受美国电器商之托和意大利一著名电器商谈判。

这是斯蒂芬第一次遇到这样烦琐的事情。

意大利电器商代表人如期到达美国，就像在之前邮件里说的一样，对方刚下飞机就开始强调他们即使受邀实地考察美国，意大利的科技设备也不会在条件上有所妥协。

谈判的目的其实很简单，斯蒂芬代表的美国电器商想要开发一种新型节能灯泡，而意大利电器商拥有开发这种灯泡的核心技术，所以美国电器商迫切地想要和意大利电器商建立合作关系。

经过一个星期的邮件往来，美方表示会给意方一些适当的需求，但关于技术的购买价格问题，双方一直没有谈拢。

这次美方邀请意方的代表人来美国，就是想通过更好的招待来搏一把的。但刚开始几天意方代理人仍然不慌不忙地坚持最初的5000万美元，这让本打算将4500万美元作为上限的美国电器商很着急。

意方的代理人称只在美国待六天，眼看着都第四天了，仍然没有谈拢。

第五天上午斯蒂芬与意方代理人会面送他回酒店的时候，从前台得知对方并没有回去的任何意向，不仅如此，对方还跟酒店服务员说过最近游玩的计划很多。

斯蒂芬不禁开始怀疑意方只待六天是不是骗人的，他回去立刻通过认识的欧洲朋友调查起来。原来对方果然是骗他的，而且他们对价格最初的内部讨论是4600万美元，也就是说，自己还有绝对的希望。

这天后，斯蒂芬的态度就开始有所改变了。他谎称拥有相同技术的德国电器商已经开始联系他们，想以4600万美元卖给美国电器商。

斯蒂芬的态度让对方以为这是真的，对方果然开始慌乱起来。仅仅不到一天的时间内，意方代表又联系斯蒂芬谈判，最终双方以4553万美元的价格成交。

课堂收获

在商业活动中，双方为了各自的利益总会出现尔虞我诈的伎俩。这时候的重点不应是与对方硬碰硬，而应该抓重点，拨开对方虚实相混的迷雾，探寻对方真实的想法。

有理有据，耐心说服

事实并不因为被忽视而不复存在。

——艾·赫胥黎

日本的著名推销大师原一平推销保险的时候非常有一套，有时候他竟能说服一个刚从学校出来的毕业生买暂时根本用不到的人寿保险。

原一平有一次遇到一个刚毕业的学生，这个学生有着2万元的年薪，暂时不需要养家也不打算结婚，几乎不需要保险。

“照现在看来，您完全不用投保人寿保险。如果有人向您推销，那个人一定在骗您啊！我也是做保险的，我觉得您不需要任何保险。不过还是想问下，您有结婚的打算吗？”当得知年轻人打算几年后再结婚的想法之后，原一平继续自己的话，“即使结婚也还不需要保险啦，即便您得了什么病或者出什么事故，您的收入还是能够接受的。而且您未来的妻子一定也可以通过自己的工作养活自己的，实在不济的话，她那么年轻，也可以再婚。所以那段时间也不需要保险的。”

年轻人还说自己打算要很多小孩，这便成为了销售大师的一大突破点。原一平告诉年轻人：“当您太太怀孕的时候，您就需要保险了。买人寿保险大家都会考虑三大问题：职业是否危险、身体是否健康、年龄问题。我想您的工作不危险，身体也很健康，所以不用买保险。但是几年之后就不好说了，人随着年龄增长身体会渐渐不好的。而且，年龄越大，买保险的保费就越高，每增加一岁，就会多收3%的保费。”

“可是再过个三年也什么差别啊。”

“让我们算一算，如果这三年之内您的太太怀孕，那时你想买保险，就要交比现在多9%的保费。假如您现在的所得税税率是37%，那么您每年要多赚12%的年薪，才能交得起这笔费用。而且并不是说您刚投保的时候多交，是每年都要多交那么多，这很不划算啊！少买三年多交很多钱，才能享受和现在少花钱也能享受的保险。”

原一平通过一系列的数据充分显示了年轻人现在买保险的好处，并表示愿意为这个年轻人设计一套保险计划，最终这个没有任何需求的年轻人买了一套人寿保险。

课堂收获

原一平不仅在推销保险的时候站在顾客的立场上去思考，还善于替顾客“排忧解难”，通过一系列的数据，他让这位刚毕业的年轻人意识到了越早买保险花钱就越少越划算的道理，最后成功拿下一单。有理有据、耐心说服，在任何交易交流中，都是达成目标很好的方法。

稀缺性策略，提高价值

聪明人常从万物中有所感悟，因为他所得到的才能本是从一切事物中汲取的精华。

——罗斯金

众所周知，一个国家主办奥运会除了在吉祥物以及旅游业上带来的利益之外，还有奥运会的电视转播权。

在1980年莫斯科奥运会之前，电视转播权售价最高的是上一届美国广播公司购买的蒙特利尔奥运会转播权，当时售价2200万美元。

如何将电视转播权的价格保持或者上调成为苏联人绞尽脑汁想要解决的问题。

在1976年的蒙特利尔奥运会比赛期间，苏联人就已经开始行动起来了。他们邀请了全国广播公司、美国国家广播公司和哥伦比亚广播公司的高层人物到停靠在圣劳伦斯河上的苏联轮船“普希金号”上参加宴会。苏联人并没有和他们一起接触，而是选择一个个的单独接触并提出四年后自己的电视转播权的价格。苏联人的提价出乎所有人的想象，转播权的价格居然被提高了近十倍，变为了21000万美元，而且还是现金!

过了一阵子后，苏联人又把美国的三家电视网的代表请到了莫斯科，让他们竞价。这种方法好像很有用，很快竞价就进入了白热化。最后，三家电视网的报价分别是全国广播公司7000万美元、哥伦比亚广播公司7100万美元、美国国家广播公司7300万美元。

当人们以为转播奥运会经验丰富、出价又高的美国国家广播公司能够得到转播权时，哥伦比亚广播公司雇了一个中间人，在中间人的帮助下，哥伦比亚广播公司和苏联人达成了一项交易，价格又提高了，还伴随着很多的让步条件。

当人们最后看好哥伦比亚广播公司的时候，苏联人又宣布了另一轮的报价，并宣布转播权属于美国的SATRA公司。业内人士都知道SATRA公司规模很小，于是竞争者们又看到了希望，又开始竞价起来。

最终，美国国家广播公司出价8700万美元，获得了奥运会的转播权。这是上届奥运会的四倍，也比苏联人最初预计的价格高2000万美元。

课堂收获

越是珍贵的东西，往往越是有价值的，那么它的价格便会越高。在谈判中，要善于利用自己拥有而竞争者稀缺的特点，而如果这个闪光点是谈判对方最需要的，那么就勇敢放心地提高价格吧。

报价要高过预期的底牌

在这种变幻莫测的尘世上，遇事还是尽量把稳一点才好。

——马克·吐温

在经济活动中，谈判的双方都想获得对自己最有利的结果，一个想卖得高，一个想要买得低，双方的条件不同引起了对价格更多的讨论。在接下来的谈判中，卖方的价格会被买方砍低，买方的提价也会被卖方抬高。

玛丽由于工作的原因从纽约搬到了芝加哥，她在搬家前去芝加哥找房子。她在中介那里看了很多房子，对地段、交通等因素影响下的房价有了一个大概的了解。

接着玛丽参观了一套她中意的房子，这套房子交通一般，但是距离她上班的地方非常近，可以节约一些时间。她对这套房子的估价是350万美元。

当玛丽向销售者问起价格时，销售者回答400万美元。

“我们这套房子虽然交通不是特别方便，但是离市中心也不算远，总的来说不会耽误您去市中心。而且这里环境很优美啊，您看这栋房子四周都是花草树木，而且不远处还有湖，湖上我们还仿照中国古代的建筑造了一座可以休息的亭子。这么优雅的环境，在这个地段上很难找了！”

“可是我觉得300万美元更适合。交通对于住房来说还是很重要的，而且这附近并没有什么大型超市，这意味着我每个星期都至少要花一大段时间去超市买东西。还有就是这里的物业也很贵，再加上昂贵的房价，我想我很难承受。”

玛丽和销售者就房价立刻展开了谈判。在谈判中，玛丽从销售者口中推断出这套房子的买主并不是很多，也就是说自己几乎不存在什么竞争对手；销售者也从玛丽的口中揣测到她是因为工作调度来芝加哥的，急切需要一套房子，恰巧这套房子距离上班公司比较近。

双方都认为自己占有优势，但一个想买一个想卖，所以价格在不断靠近。最终他们以360万美元的价格成交。不仅如此，玛丽还获得了免交一年物业费的优惠。

课堂收获

在上个例子中，玛丽看似获得了很好的权益，销售员比起最初的400万美元报价吃了亏。而实际上，房价的最低价格规定是350万美元，销售者起先就把报价上调，这样才有议价的空间。

主动提出相应的要求

销售专业中最重要的字就是“问”。

——博恩·崔西

巴西有一家公司想到美国采购设备，负责谈判的人因为在路上购物迟到了。等他们到达谈判地点时，已经超过了约定谈判时间半个小时。

等待良久的美国人心里特别不满，他们以极其生气的口吻指责巴西公司让自己等待了那么久，没有诚意与信用，如果还这样的话就很难继续保持工作关系了。美国人还强调时间就是金钱，浪费时间就是浪费生命。这让迟到的巴西代表感到很惶恐，他们深感理亏，只能不断地向美方道歉认错。

经过美国人这般说教，谈判刚开始的气氛很紧张，巴西的代表，说话处处被动，美国人倒是理直气壮的样子。美国人在接下来提出了许多要求，巴西的代表们还处在谈判迟到的尴尬中不能自拔，根本就不能静下心来思考对方的要求是否合理，更不用说能够与对方讨价还价了。

谈判的最终，美国人的很多要求都得到了满足，而巴西一方只是达到了最初合作成功的目的，除此之外吃了大亏。当事后巴西代表冷静下来，意识到对方要求的不合理时已经晚了。

美国人在这次交易中通过指责对方的过失，从谈判开始就处于优势地位。在巴西公司的代表还没有缓过神来时，他们就抓紧时间提出了自己的要求，使本来可能实现不了的需求变成现实。这也是国际谈判中经常出现的一种方式。

课堂收获

在谈判中如果想要占有主导地位，能够抓住对方的弱点使之处于被动，是个很有用的方法。同时，如果能够主动提出自己的要求，会使谈判的中心围绕自己的要求来进行，也便有了主导权。

第13章

获得共赢课
——双赢才是最好的结局

有效让步，拉近彼此感情

每一个成功的谈判一定是建立在一种相互平等的让步基础之上的。但是如何找到这样的一个平衡点却是个相当困难和复杂的过程。其中，做出让步的先后顺序是关键。假如在对方做出的让步明朗化之前自己寸步不让，并没有将每一次让步当作是全局的部分来看，那么谈判就非常有可能失败。

——基辛格

1964年，美国通用汽车公司发生了有史以来最大规模的工人罢工事件，其原因就是当时的投资方并没有真正地了解到工人们的需求，从而导致了工人的不满情绪累积到一定程度的爆发。

在资方看来，工人在谈判时的需求无外乎就是金钱。但是在之后发生的事情中，资方才意识到自己认识上的错误。工人罢工的宣传主题是这样的："为了更多的尊严，而不是金钱。"并且在他们所发表的宣言中有这样的一段话，"作为通用汽车公司的工人，我们连做人的基本尊严都无法获得。我们罢工的理由并不在于金钱，问题的关键在于，作为资方的通用汽车公司应当如何对待每天为其辛勤工作、创造利润的工人们。"

当通用汽车的上层人士最终认识到工人们的真正需求的时候，谈判再一次展开。在这次的谈判中，资方做出了有效让步，承认了以前管理上的失误，以及在第一次谈判的过程中想要用薪金的简单提升来缓和矛盾的错误做法。资方向工人代表承诺在未来的工作过程中会充分考虑到对方的尊严并且给予工人良好的待遇以及更加人性化的管理。工人代表看到了资方的让步以及足够的诚意之后对谈判结果十分满意，罢工活动随即停止，公司重新有条不紊地运作了起来。通过这次谈判中的让步，谈判双方即资方与工人阶层的关系不知不觉地被拉近了许多，从最初的矛盾激化到最终的互相尊重理解，得到了双赢的结果。

课堂收获

在商业上，任何的谈判都是以利益为驱使的，而谈判的双方在想尽一切方法让自己的利益获得一种满足。正是由于这样的一种原因使得很多的谈判看起来并不公平。在谈判结束的时候，每个人都会计算自己的得失，并且试图找出最后所谓的"胜利者"。这样就会使谈判进入一种剑拔弩张的氛围。

哈佛大学的老师要求谈判者在谈判的过程中找出一个平衡点，从而让谈判双方之间的交流变得轻松起来。这个平衡点就是"双赢"。

假如我们将谈判带入到一个可以满足每一方利益的氛围，那么这个谈判将会是非常成功的。

通过“分期付款”方式进行让步

谈判是一种双方都致力于说服对方接受其要求时所运用的一种交换意见的技能，最终目的就是要达成一项对双方都有利的协议。

——威恩·巴罗

盖勒是美国的一位著名推销员，他因为自己推销手段的高明而享誉各大皮鞋厂，因此很多的皮革生产厂商都喜欢将开拓市场的工作交给他来做。因此，他总是受邀一些东南亚制造商，他们都希望可以借助盖勒的帮助来打开欧美皮鞋市场。

有一次，盖勒到意大利米兰去帮助一位印度尼西亚的皮鞋制造商开拓市场，在盖勒看来，这位印度尼西亚皮鞋制造商所提供的皮鞋产品质量上乘并且款式新颖，在米兰这个时尚之都一定可以大受欢迎。于是盖勒一到米兰就立即同当地的销售商托尼取得了联系，并且很快约定好了谈判的时间和地点。

托尼同样是一位老练精明的商人，在谈判的最初阶段，他不断地进行砍价，将价格极大程度地压制住了。这样在双方快要签订合约的时候，他将价格压到了最低的限度。盖勒十分清楚对手的谈判策略，于是，面对托尼咄咄逼人的谈判攻势，他原则上做出让步，满足对手的要求，并且还主动提出到了交货的日期可以进行分期付款，让对方误以为自己是谈判新手，从而放松了警惕心理。

等到货物运到之后，尝到甜头的托尼以为自己依然可以从这笔生意中获得更多的利益，于是对盖勒提出因为资金的周转问题，所以只能先付一部分的款额。这个时候盖勒却一反常态，态度十分坚决且强硬，义正词严地拒绝了托尼的要求，并且强调一定要按照原先的合同办事，不然就会要求其进行索赔。盖勒的这一反击让托尼措手不及，无从招架，于是原本气焰嚣张的托尼一下子像泄了气的皮球一样，不但按照合同办事，还要十分恭敬地听从盖勒的安排。于是，很快盖勒所推销的皮鞋就因为其物美价廉的特性在米兰打开了市场。

课堂收获

在一些较为特殊的情况下，示弱却可以成为一种制胜的手段，让我们扮猪吃老虎。在谈判的过程中假如对方觉得我们太过强硬，认为我们应当做出让步的时候，为了我们可以做到利益最大化，我们完全可以公开地承认自己的短处，有意识地将自己某方面的弱点暴露出来，从而迷惑对手的视听。哈佛大学告诉每个谈判人员，“分期付款”是个很好的让对手放松警惕的方法。实行分期付款不但能够让我们的整体利益不受到任何损失，还可以将原本让人难以接受的条件变得让人容易接受，这种让步在很大程度上能够帮助我们软化对手，避免谈判过程中矛盾的激化。

让步要明显，让对方产生满足感

谈判是合作的程序，成功的谈判是每个人都赢。

——尼尔伦伯格

哈佛大学商学院的课堂上，老师为学生讲述了这样一个谈判案例：

一位销售人员在同客户进行谈判之前，他的经理就对他下达了这样的指示，要求他在谈判的过程中绝对不可以在产品包装以及价格条件上进行任何的让步，但是另一方面，经理也同样要求他尽量满足顾客的需求，为了能够促成交易的完成而令顾客感到满意。从直观上来看，经理这样的要求十分苛刻，似乎是一件不太可能做到的事情，但是销售人员却十分巧妙地达到了经理的要求，出色地签订了合同。那么，这位销售人员是如何做到的呢？

谈判的开始阶段十分顺利，但是在谈判的中期，客户要求销售人员在包装以及价格上给予一些优惠措施以及让步。

当客户开始提出要求的时候，销售人员并没有急于打断对方进行有利于己方的辩解，他反而不动声色地耐心倾听着客户的陈述，表现得十分认真。当客户说完之后，这位销售人员才彬彬有礼地说道："您所提出的这些观点与要求，我在很大的程度上十分赞同。我明白您之所以会提出这些要求一定有着合理性。但是，我们公司的产品利润并不是很大，假如像您所要求的，我们在产品包装以及价格上做出让步的话，我们公司的利益会受到极大的损害。站在您的角度上来看，您所提出的要求十分合理，但是对我们来说，这些要求实在是很难接受。"之后，销售人员又对自己公司所制造的产品利润向对方进行了认真的分析与阐述。

对方听完这番陈述之后，态度已经有了明显的变化，似乎已经不像是刚开始那样十分坚持自己的要求了。但是，销售人员知道，想要客户下定决心放弃自己的要求还并不容易。因此，销售人员不失时机地进一步表示道："虽然我们在产品包装和价格上无法再对您做出更为有利的优惠政策，但是，我可以向您保证，我们公司将为您提供最为优秀和完善的售后服务，尽全力地让您对我们的产品感到满意。公司可以让您成为 VIP 客户，享受其他顾客所无法享受的待遇，同时也为您今后购买本公司的产品给出更为优惠的政策。我所能为您提供的这些优惠服务的总价值并不低于您刚刚所提出的要求。假如您对此还心存疑惑，您可以去市场上了解一下这类产品的实际情况，并且同样欢迎您到我们公司的产品生产基地进行参观和了解，全面地了解我们产品的优点。"

客户得到了销售人员这一明显的让步之后，就不再坚持原先所提出的条件，从而签订了合同，十分满意地离开了。

课堂收获

在谈判的过程中，我们所做出的每一个让步，在某种程度上来说都是以自己的某种利益损失作为牺牲的，或者是在某种方面上的委曲求全，总之，让步总是意味着我们某种方面上的损失。于是我们经常会思考，在何种情况下我们不但可以向对方做出一个让步，还能够让自己的利益丝毫无损，从而达到令对方满意的效果。

很多人都怀疑世上是否真的存在这种令双方都感到满意的做法。哈佛大学的老师告诉我们，事实上，在某种条件的促使下，我们完全可以做到这种于己无损的让步。也就是我们所说的丝毫无损的让步，其实并不困难，我们只需要通过某些手段和方法来提高对方的满足程度，让我们做出的那些看似微不足道的让步变得明显，将让步放在“显微镜”中放大之后再让对手看到。

适当让步，争取有效利益最大化

一个完美的谈判结束之后，谈判双方的需求都能够得到满足。

——赫布·科恩

约翰在一家电脑耗材公司工作，每天上班都发愁怎么能提升业绩，他总是按照原先的销售模式按部就班地推销着自己的产品，但是往往收效甚微，这一直是困扰他的难题，让他每天寝食难安。

直到有一天，他跟客户珍妮女士谈判的时候，因为最终价格谈不拢，所以合同一直没有签下，这让约翰心急如焚。

这一次，珍妮女士在谈判中向约翰提出了一个签合同的条件："约翰，真不是我不愿意签合同或者有意拖延时间，可是你这个价位在行业中真的是不低啊，要是你能开出点优惠的条件，我想我们会很快合作的，我们都做出些让步，这样才能互惠互利、实现双赢啊。"

约翰听到珍妮女士的话，心中盘算着：珍妮女士说的这番话是什么意思啊？这价格是公司定的，我也没有太好的办法，况且现在竞争如此激烈，时间就是金钱，一笔交易的周期过长对双方都没有好处，这让我如何是好啊？

这时约翰又听到珍妮女士说："约翰，你跟公司的领导商量商量，看看能不能有些让步，这样对我们有利，况且我们又不是第一次合作，这次成功的合作会促使我们长期合作嘛！"

约翰这时心想：珍妮女士的这番话有道理，既然她有意和我合作，我是不是可以给她一点儿小利，这样我们损失也不会很大，还能更快地完成任务，这不是很好的事情吗？我怎么那么笨，差点错失了良机。对了，公司有一批即将淘汰的配件，自己何不做个"顺水人情"把这些东西拿出一部分给珍妮女士，损失微不足道，却可以换来一笔大单，还有长期的合作和良好的口碑，何乐而不为呢？

这样想着，约翰就对珍妮女士说："珍妮女士，您说得很对，我们公司正好有一批质量不错的显卡，如果我们合作愉快，我可以跟公司商量免费赠送您100套，您看这样行不行？"

珍妮女士听了约翰的话很高兴："这合同我们签了吧，这几天你也挺辛苦的，跑来跑去地跟我谈生意，我看出来你很真诚，况且你们公司的产品质量也不错，我们也是老相识了，这单子给谁做不是做啊？就给你吧！"

"那太谢谢您啦！"约翰高兴地说道。

回去以后约翰把自己的想法跟公司老总做了汇报，老总想到自己的那批显卡也是快要过时的，单卖是卖不了好价钱的，这样做个"随机赠送"，不光解决了那批显卡的出路，更发挥了最大的作用，拉来了大客户，约翰因此拿到了公司的奖金和丰厚的利润回报。

课堂收获

在谈判过程中，由于人们处于竞争状态下，因此时常会与对手保持距离，甚至会通过第三方来传递信息，用间接的方式陈述要求、表达意见、发表结论。正是因为双方都想要增强自己的力量，所以就会对自己所掌握的资料与实际状况有所隐藏，因为双方都会担心一旦对方知道了自己的底细，那么将会针对自己的弱点予以打击。但是假如我们想要在这种观念下寻求满足双方需求的结果，那将成为一个不可能完成的任务。

哈佛大学要求每位谈判人员，建立起公平与信任的基础，将个人的感觉、事实、态度及需求诚恳地显现出来，从而获得转换的时机，同时与人交换资料，分享资料，互助合作，使得双方都是胜利的一方。

不要放任冲突的发生

即使是最羸弱的老鼠，当它处于艰难的处境时，也会奋起反击。

——米雷

美国的一位职业篮球明星因为在赛季中的出色表现，总是想要通过谈判的方式获得一份令他感到满意的合同，但是因为俱乐部老板的强硬态度，让这一谈判在过去的几个赛季中都一直被搁置下来。这位球员性格十分腼腆，他自知在谈判的过程中不是老板的谈判对手，并且在早期同球队签约的时候，他与老板还有一个协议，那就是这位球员不可以随意转换球队。也正是因为球队老板手中握有这张王牌，因此在每次谈判的时候都咄咄逼人，这就造成了双方矛盾的激化。

当老板屡次不愿与这位球员签订新合同后，球员最终灰心丧气，不再同老板进行面对面的谈判，而因为心中的不快，在球场上他的表现也慢慢开始不尽如人意，导致球队的整体实力开始下滑，但老板对这种情况依然视而不见。

后来这位球员的经纪人为他提出了一个有效的办法，最初的协议规定球员不可以转队，但是却无法阻止他不去参加比赛。这就为这位球员带来了转机，因为他有着一个良好的性格和出众的相貌，可以效仿很多其他篮球明星加入表演行业，从其他渠道获得利益。于是，球员很快就高调地同电影制片商进行接洽，准备进军演艺行业。

知道了这一消息后，老板终于倍感压力。因此，这个时候老板才不得不同球员进行重新谈判，在这次谈判中球员大获成功，斩获了大量额外利益。

假如这位老板从最开始的时候就进行合理的公平谈判，那么他将会延续双方的友好合作，并且将球队带上一个新的高峰。但是他却选择了放任冲突的发生，为一些蝇头小利而导致球员心中的不满与反感，最终失去了很多。

课堂收获

锱铢必较的谈判者最容易犯的毛病就是喜欢放任冲突的发生，这样总是会让谈判对手产生极大的反感。很多时候你的态度就决定着对手的态度，咄咄逼人的后果就是让对方同样反过来对你斤斤计较。就算最终谈判达成，双方心中也会有极大的不愉快和不信任，这样就酝酿了更大的矛盾冲突。从表面上你看似是一个赢家，但实际上却是输家。

哈佛大学的老师要求所有谈判人员，永远不要有得到绝对利益的谈判的想法，将对手“逼上梁山”和放任矛盾冲突的发生的做法是十分愚蠢的。要懂得放弃眼前的蝇头小利，积极地解决冲突，将眼光放在长远的未来。

以对方的“伟大理想”为蓝图

每位谈判者都有两种利益，实质的利益和关系的利益。合作互惠，既能使谈判双方获得实质的利益，又能使双方的合作关系得到发展。

——费雪·尤瑞明

美国某市的劳动保障部门和十几家在本市的外商投资企业开了一个会，专门解释即将实施的新劳动合同法案。在这次会上，本市的副市长言辞恳切、语重心长地对各公司的代表说道：“诸位，众所周知，新的劳动合同法案就要实施了，里面的很多条文都渗透着新理念、新模式，用工方面的‘规定动作’要求得更严格、更明确。这样就可以保证我们填补好一直以来劳动合同法上面的漏洞了。”

在下面听的几个公司的代表在听到副市长说的话后就开始开了“小会”，A说：“这副市长是什么意思啊？明显是在打压我们公司的利益！”

B又接着说道：“你理解错了吧？我们这些企业可是被市长招商引资、千求万求才找来的，现在本市经济好了，不会就过河拆桥吧？”

副市长在这时察觉到了这些人的担心和疑虑，于是就赶紧解释道：“各位，从我们劳动保障部门现在掌握的数据来看，在本市的中小企业当中，能够认认真真签订劳动合同的不超过20%，在一些服务性的行业中，这个数字还会更低。劳动者的权益得到完全的保障，是我们国家每个人都十分关心的话题，同样也是媒体所关注的敏感点。”

底下的代表们听了这话也是深受启发，正如副市长所说，他们的公司为了高效率、高利润在与工人签订劳动合同时是有着这样那样的不足。

副市长继续解释着：“一个企业的健康发展，光靠老板一个人怎么能行？在开展业务、管理团队、生产产品等方面，老板是需要有帮手、有员工的，这样大家一起努力才能拧成一股绳，劲儿往一处使，才能拉得动企业的这架车，到最后才能撑得起老板的腰包。劳动力是成本的一部分，优秀的劳动力更是创造财富的根本。你不签合同，克扣工资，缺乏保障，不关心员工的生活，那么将心比心，我相信也注定没有哪个好员工去追随如此吝啬而根本不顾员工利益的老板的，也注定不会全心全意地帮着老板干活。能力打了折扣，效率就会打折扣，质量就会打折扣，这是得不偿失的啊，诸位说是不是这个道理呢？”

副市长说到这里，有些公司代表有些难为情，他们细细地品味着副市长的话，这才明白跟员工搞好关系、做好福利保障的重要性。

课堂收获

在谈判的过程中，为对方的未来着想的战略在很多人看来是不可理喻的。当我们都在盯着自己眼前的利益不放的时候，大家是否明白这将大大地降低谈判的成功率，甚至变成“零和谈判”的结果呢？其实，为对方的利益进行考虑并不是一件灭自己威风、长他人士气的做法。

哈佛大学商学院要求每位谈判者都拥有换位思考的能力。当我们认真地分析了对手的需求之后，站在对方的角度去思考问题，这样才能够切切实实地感受到，自己所提出的要求与条件对方能否能够顺利地接受下来。

在分割蛋糕之前，要把蛋糕做大

谈判的核心要义是合作的利己主义。

——尼尔伦伯格

其实谈判很像是在分蛋糕。在一个成功的谈判中，谈判双方都能够获得自己想要的那块蛋糕，这便是双赢。但是，在分蛋糕的时候，蛋糕的大小同样也决定了谈判双方可以获得的蛋糕大小。因此，我们在分蛋糕之前先要做的是想尽办法将这块蛋糕做大。

当然，蛋糕做大之后也并不是意味着我们谈判的双方就可以获得同样大的蛋糕了，很多时候，“公平”将成为谈判成功的一个非常巨大的障碍。因此，在谈判的时候如何让自己获得大的蛋糕，让对方获得小的蛋糕，是每一个谈判者都在考虑的事情。

其实，我们在运用谈判策略的时候，其最终的目的都是为了可以获取到大的蛋糕，有些时候，我们所获得的利益即使高出对手 1% 都能使已方欢欣鼓舞。因此在一次具体的谈判过程中，假如我们已经获得了 50% 以上的蛋糕，就证明我们已经拥有非常了不起的胜利与优势了。假如我们总是不满足，永远咄咄逼人地盯着对方的那半蛋糕看，那么很有可能会激怒对手，使得谈判破裂。这样，到头来“竹篮打水一场空”的后果会让大家后悔莫及。

因此，怎样通过谈判策略让自己获得那块较大的蛋糕，将较小的蛋糕留给对方，这便是谈判的艺术。

课堂收获

在谈判的过程中，我们所做出的每一次妥协都是围绕着“怎样去最大限度地实现自己的目标价值”所展开的。

哈佛大学的老师要求谈判者学会用最小限度的让步来获得最大目标价值的实现，用短期的利益让步来换取长期的利益，用局部的利益让步来获得整体利益。这是在谈判的过程中大家需要掌握的十分有效的方法，同样也是让步策略的根本所在。

在做出让步之前，我们应当考虑的是这一让步能否保证自己可以获得足够的回报。

“成交”就是源自相互的信任

我的一生中，曾经和许多人做过生意，我认为没有一个经历比和这样完美的绅士做生意更美妙。我完全感觉到，也看到了最传统的美国生意中的优秀人士。

——康拉德·希尔顿

一家专门生产电灯的公司，因为是新近成立的，在市场上并没有什么名气，又没有一个低廉的价格，产品销量方面有点不乐观。面对这样的情况，总经理决定亲自去各个地方进行推销，期望可以在每个地区都找到合适的代理商。希望自己的这次出行可以为公司的产品在市场上打开销路，进而可以全面地占领市场。

总经理来到了一个比较大的城市，将当地的电灯代理商都聚集到了一起，并且声情并茂地向他们介绍公司产品。很多代理商在这期间都表现出了对公司产品感兴趣。于是，会议很快就进入到了合作谈判的环节上来了。在谈判的过程中，总经理向各位代理商说道：“我们公司经过对产品多年的开发与研究，终于成功地将其投入到了生产并且开始进行试用。但是从严格意义上来讲，我们公司现在所制造的产品还算不上是一流的，而我真诚地拜托在座的各位，希望你们可以用一流产品的价格来购买我们公司所推出的新型产品。”

听完总经理这样一段话，在场的代理商都坐不住了，他们诧异地说道：“凭什么让我们用一流商品的价格来购买二流商品呢？”

看到在座人们的反应，总经理不慌不忙地接着说道：“你们的疑问我是知道的，但是我也并没有搞错。大家都知道，一盏灯最重要的是什么？是灯泡或者是灯管。但是，在我们现在市场上的产品中，只有一家企业所生产出的照明设备可以称得上是一流产品。这家企业已经垄断了市场，就算是他们这个时候将价格提高，人们还是会去购买他们的产品。而现在我们有一种新型的产品在市场上出现的话，消费者就会发现，这种商品不但质量优良并且在价格上还有一定的优势。这个时候人们就会抱着一种尝试的心态将我们的产品买回家。这对在座的各位不是一件非常好的事情吗？如果不这样的话，各位，你们还是要去按照那家大企业所开出的高昂价格去进货源，然后再去进行经销，这样一倒手，大家可以获得的利润就微乎其微了。”

这个时候，人们都已经开始频频地点头表示同意了。总经理趁热打铁地说道：“我们知道美国有一位著名的拳击运动员叫泰森。当年，他可是叱咤拳坛，很少有人可以成为他的对手。也正是因为这样，很多来观看泰森拳击比赛的观众很少有机会看到一场真正扣人心弦的比赛了。现在的电灯销售行业同样面对着这一情况。如果这个时候可以出现一家可以与之抗衡的公司来同他们竞争的话，就会引起一场生产商的降价风波，这样作为代理商的你们不但有了更多的选择，并且还会从中获得更大的利益。

“另外，为什么我说自己的公司所生产的东西只能算是二流产品呢？这就是因为我们公司刚刚成立不久，虽然我们有很好的技术，但是因为资金的短缺，使得材料跟不上技术的突破。而那些开发出来的新技术就像是装在一个被缝死的口袋中的钱一样，掏不出来，花不出去。但是假如大家可以用一流的价格购买我们现在的产品的话，我们就可以有足够的流动资金来进行最新产品的研发，很快就可以投入到大规模的生产当中，并且投入到市场。到那个时候，在座的各位都将成为大赢家！”

话音刚落，坐在下面的各位代理商都纷纷鼓起掌来，争相同这位总经理签订单。

课堂收获

根据上面的事例来看，按常理说，一流产品的价格比较昂贵，而二流产品的价格当然应该便宜一些。而这位聪明的总经理却能晓之以理，动之以情，以其坦诚的态度成功地说服了代理商，让代理商对他产生了信任感。

哈佛大学的老师告诉每一位谈判人员，谈判的现场应该是十分文明的，需要礼节和道德的约束。谈判时，一旦诚信受到损害，就会导致彼此的不信任和谈判关系的破裂。信誉如果受到损害是很难再恢复的，即使谈判者可能只是无心之过。通常诚信环境的破坏只是缘于人们相互之间对“诚实”的误解，所以最好在谈判之前先互相讨论一下彼此的期望，以便将误解产生的可能性降到最低。

以真诚的态度去谈判

只要做到态度坦率、诚恳，双方不从自己的角度出发指责对方，这样的讨论就能让双方怀着一份理解，认真倾听对方的真正意图。

——哈佛谈判项目研究报告

在美国曼哈顿市的一家服装店中有一位名叫珍妮弗的店员，因为她总是能够准确地抓住顾客的心理，使得她成为了店中的销售冠军。

一天，珍妮弗接待了一位十分年轻的女客人，这位女士一进门就对珍妮弗说道："你们这里有没有十分与众不同的、视觉冲击强烈的衣服？我马上要去肯尼迪中心了，我要让所有见到我的人都大吃一惊，深深记住我的装扮。"听了这位客人的话后，珍妮弗并没有急于去帮她寻找让人"大跌眼镜"的衣服，反而心平气和地说道："小姐，我们这里有一件非常漂亮的晚礼服，十分适合那些自信心不足的人穿。"听了珍妮弗的话，这位客人一头雾水："什么？自信心不足的人？""当然，难道您不认为女人经常依靠穿那些十分惊人的衣服来吸引他人的目光，从而掩盖住她们内心深处自信心的缺乏吗？"

珍妮弗刚刚说完，客人立即火冒三丈了起来："你说什么？你认为我是缺乏信心的人吗？我可不是缺乏自信心的人！"面对被激怒的顾客，珍妮弗并不着急，反而耐心地说道："既然这样，那您为什么想要穿一件让大家都会大吃一惊的衣服去肯尼迪中心呢？难道您不想通过自身的美丽去吸引人们的目光吗？在我看来您十分有气质，并且有着足够的内在魅力。但是您为什么想要将这些自然的美遮盖起来呢？我确实可以为您找到一件十分时髦的衣服，让您在肯尼迪中心出尽风头。但是那个时候，您将不会清楚人们停下脚步来是为了关注您本身还是去注视衣服。"听了珍妮弗的话之后，顾客点了点头："没错，我为什么要花费一大笔钱去博得其他人的关注呢？你说得没错，我确实缺乏自信心，可是我竟然从来没有意识到这一点。我真的应该对你表示感谢。"

珍妮弗成功地阻止了客人的错误观念，用真诚的心帮助客人重新对自身以及生活有了一个更好的理解。也正是因为这样，珍妮弗又得到了一位永久的客户。

课堂收获

每个人都是注重情感的，即使是那些表现得铁石心肠的谈判对手也是如此，因此用诚恳来打动对手的谈判，在情感方面将会更容易让对方接受。只有当谈判的双方都以真诚的态度去面对谈判的时候，我们才能够得到一个严肃认真的谈判。

哈佛大学的老师告诫每一个谈判者，谈判最基本的态度便是真诚。假如谈判双方在谈判的过程中并没有保持真诚的态度的话，那么我们只能够将谈判视作是达到双方目的的简单手段。这样，不但会将谈判变得尔虞我诈、激烈异常，还会让谈判者互相质疑，产生不信任感。因此，我们要学会以真诚打动人，增加自己在谈判过程中的亲和力，从而拉近彼此的距离，获得对手的尊重，增加谈判成功的概率。

第14章

攻势谈判课
——拿出你的气势进攻对手

与敌人结盟

得不到友谊的人将是终身可怜的孤独者。没有友情的社会则只是一片繁华的沙漠。

——培根

一家意大利的国有企业濒临破产，克里斯蒂娜在危难之际出任该公司的总经理。上任伊始，她就意识到了问题的严重性：这个公司的员工工作积极性差，编制冗杂，内部关系也极为复杂。过多的员工不仅不能为公司提升效益，还成为了公司的累赘。克里斯蒂娜决定裁员。但是按照意大利的法律，要解聘国有企业的员工，必须得到工会的同意与批准。工会代表的是大多数员工的根本利益，与公司的关系一直不好，矛盾激烈，更不要说人生地不熟的克里斯蒂娜想裁员了。

为了让工会与公司在裁员协议上达成一致，克里斯蒂娜决定用真情实意去打动对方，让对方与自己结盟。首先，她给每个公司员工家都送了一份资料，上面详细地论述了公司的想法和目的，也说明了此举的必要性和苦衷，表明了对公司每一个员工的尊重。然后克里斯蒂娜制订了一个提前退休、公司负责一笔不菲的解雇费的基本方案。最后，还派人亲自向员工们解释："如果不裁员，公司仍然每年巨额亏损，在不久的将来，公司的裁员幅度将会更大。"这样的做法让公司员工和工会都了解了公司的现状和困难，也对造成目前状况的原因有了一定的了解。在正式谈判之前，给大家留了一定的空隙来权衡利弊。

正式谈判开始后，克里斯蒂娜开门见山地提出了裁员方案，并且袒露胸怀，对公司的情况实事求是地告知员工和工会。此举很好地消除了对方的疑虑和不满，使对方心悦诚服地同意。两年之内，公司员工从15000名削减到9000名，不仅减轻了公司的经济负担，还提高了生产效益，使得多年紧张的劳资关系也有所缓解。

课堂收获

谈判双方的戒备心往往很重，谈判中能够消除对方的戒备心，化敌为友，不仅能赢得这一次的谈判，还能收获额外的朋友。在谈判中，态度很重要，越坦诚，越能引起对方的共鸣。有时，技巧、智慧固然重要，但替代不了谈判者诚恳的态度，一场缺少诚意的谈判，即便成功了，从价值判断的角度来说，也是一场没有价值的交易。

旁敲侧击，动摇对方军心

思想的动摇并非在正确与错误之间左右不定，而是一种理智与非理智之间的徘徊。

——荣格

迪士尼公司的CEO迈克尔·艾斯纳为了能拥有一个很方便的渠道来播放自己的电影和电视节目，一直梦想着能够收购一家电视网。可是当时，NBC被通用电气买下，通用公司也完全没有转让NBC的意思。另一个完美选择就是ABC，而ABC的母公司——资本城市集团也根本没有考虑过出售ABC。剩下的一些电视网都达不到迈克尔·艾斯纳的内心期望。迈克尔·艾斯纳就决定用旁敲侧击的方式，让资本城市集团内部动摇。

1995年6月的一天，迈克尔·艾斯纳在爱达荷太阳谷的一个商务会议上，遇到了CBS的主席拉里·蒂斯齐。原来CBS正打算接受西屋广播公司的报价，看到千载难逢的机会来了，艾斯纳立马问："难道你不想和我们做笔生意吗？"蒂斯齐的妻子也在一旁，马上插嘴说道："是的，当然想。"于是蒂斯齐和艾斯纳两人很快商议，决定下周末深入讨论此事。

恰巧，在这次商务会议上，艾斯纳又很快碰见了资本城市的最大股东沃伦·巴菲特，他故意告诉巴菲特他正打算购买CBS，希望这一消息能督促巴菲特把资本城市出售给自己。果然，巴菲特上钩了。"股神"巴菲特知道一旦迪士尼买下CBS，他们就再也不会考虑收购资本城市了，资本城市的市价就会下跌，自己的利益也会受损。巴菲特立马去找到资本城市的CEO，说明了此事。很快，不到一个月，迪士尼就成功完成了资本城市集团的收购，并让市价在一夜之内暴涨一倍。

课堂收获

不能从正面下手，那么就选择旁敲侧击，让对方意识到潜在压力，从而在压力作用下"配合"自己，不失为一个谈判的好方法，这也是哈佛的商业精英们屡试不爽的方法之一。因为很多时候，从正面攻击就会陷入被动之中，而利用"竞争力"就可以变被动为主动，在谈判中占上风。

关键时刻“逼”出对方底牌

如果你有一手大牌，别忘了对手可能有一手更大的牌。

——德州扑克名言

南非一家大型企业集团的生产公司和销售公司出现了内部矛盾。生产公司是以销售公司的需要为中心研发产品的，决定产品数量和价格的销售公司却强迫生产公司提供额外服务，而且要求产品设计必须只能符合销售商所服务市场的需求。因此生产公司在利润极低的情况下不断被销售公司压榨，他们也希望能找到别的买家，但是他们的产品当初却是为销售商量身定制的，不能打开其他市场。生产公司的亏损越来越大，两家公司的矛盾也进一步激化。

如果听任这样的局面继续恶化，显然对集团的发展不利。于是董事长找来顾问，让他全权负责解决两家的矛盾。顾问在了解到双方情况后，找来两家公司的负责人进行问话。可是销售公司的负责人却一直不正面回答问题，答案都是离题甚远。顾问知道销售商无心合作，这样的谈判再继续下去也没有用处。最后，顾问分别问双方负责人是否愿意考虑某种解决方案，销售商仍旧做了模棱两可的回答，并没有明确表态。

顾问知道经销商是仗着自己为生产公司提供了市场，一直处于强势，不肯低头。但是能够让销售商赚得盆满钵满的，也恰恰是生产公司独特的产品。如果没有生产公司的产品，销售商又能去哪里赚钱呢？

顾问很快想到解决方案，就是宣布关闭生产公司，让销售商知道自己的“底牌”，没有生产商就是形同虚设。董事会很快采纳顾问的意见，决定6周之内关闭生产公司。这个决定一出，销售商就呆住了。他知道没有生产公司提供货源，自己的销售公司很快也会面临倒闭。他不得不放下架子，找到生产公司的负责人，同他重新调整利益，继续合作。然后两家一起向董事会递交合作申请，谋求共同利益。

课堂收获

当谈判无法进行时，就只能假装打出自己的底牌，逼迫对方出底牌，然后再一击制胜，战胜对手。或者像案例中的顾问那样，坐等对手自己为解救局面，亮出底牌。对方的底牌看似威力无穷，可是一旦被逼摊开，对手立马就手无缚鸡之力。

关键时刻，展现实力

人生有些关口非狠狠地斗一下不可，不能为了混口饭吃而蹉跎了幸福。

——巴尔扎克

美国一家航空公司打算在纽约建立一个大规模的航空站，需要耗费大量电力，当时就计划和爱迪生电力公司合作，希望对方优待电价。但是电力公司知道如果降低电价，自己就会少赚很多钱，就以公共服务委员会不批准为由，一直不肯降低电价。双方谈判一度陷入僵局。

最终航空公司忍无可忍，变被动为主动，放出狠话，声称若爱迪生电力公司不提供优待电价，就取消这一谈判，自己建厂发电。此言一出，爱迪生电力公司的董事们就慌了。因为电力公司一开始仗着航空公司有求于自己，不担心失去这笔交易，故意不降价。现在如果航空公司真的自建电厂，就意味着电力公司会损失一大笔钱。虽然航空公司自建电厂费时费力，会延误航空站的建设，但是航空公司被逼急了，也不是不可能的。而且这家航空公司也确实有经济实力建一家发电厂。如果航空公司真的自建电厂，爱迪生电力公司不是会损失一笔大交易这么简单，还会平白无故多出一个电力竞争对手。于是爱迪生电力公司马上转换态度，向公共服务委员会说情，表示愿意给像航空公司这样大的新用户一定的优待电价，公共服务委员会考虑到大规模航空站的建成有利于市民的出行，也同意了这份申请。航空公司最终以较低的价格，和爱迪生电力公司签下了这笔合同。

课堂收获

当双方相持不下的时候，有必要展示自己的铁腕让对方看看，进一步推进谈判的进程。实力是一种威严的存在形式，这个谈判技巧其实就是压力法则的运用。

攻势中绝不畏惧

生活的道路一旦选定，就要勇敢地走到底，决不回头。

——左拉

土耳其与希腊在第一次世界大战后，发生了外交冲突。希腊求助同盟国英国，英国便召集了法国、美国、意大利、日本等国，决定好好教训教训土耳其，约定在洛桑与土耳其谈判，企图逼迫土耳其签订不平等条约。

英国方面派出了当时名震四方的外交家刻遵，土耳其的谈判代表则是伊斯美。很有趣的是，两个代表的外在形象正好象征了当时两国的势力。刻遵身材魁梧，声如洪钟；伊斯美身材矮小，其貌不扬，还有点耳背。不仅在外在形象上有着鲜明对比，在气势上，也是一个强势，一个略显弱势。刻遵一出场就是一副盛气凌人的样子，似乎完全从气势上压倒了对方。但是伊斯美并没有被气势吓倒，而是不卑不亢，镇定自若，彰显了一个土耳其人的尊严。刻遵在谈判桌上大发雷霆、咄咄逼人的时候，伊斯美却表现得若无其事，在静静听完后，还不慌不忙地伸出右手，放在耳边，身体靠近刻遵，温和有礼地问道："阁下，您刚才说了什么？我还没明白呢。"刻遵不知道伊斯美是刻意的还是真的没听清，只能硬着头皮再说一遍，几乎每一句话都要重复两遍，一来二去，刻遵的气势也渐渐败了下来。伊斯美就这样静静地在谈判桌上和各国代表周旋了三个月之久，在很大程度上维护了土耳其的合法权益，赢得了土耳其和世界和平人士的喝彩。

课堂收获

不管敌我双方实力如何，在内心绝不能屈服，而是应该不卑不亢地用头脑和对方周旋，慢慢展开攻势。只有内心强大的人才能收获成功的果实，如果一开始就从内心输给了对方，那么谈判注定是一场败仗。

第15章

劣势谈判课
——坚定信念，弱也能胜强

稀里糊涂隐藏自己的实力

哗啦哗啦把自己的事业讲给大家听的人，他的价值一定是微不足道的。切实苦干的人往往不是高谈阔论的，他们惊天动地的事业显示了他们的伟大，可是在筹划重大事业的时候，他们是默不作声的。

——《黑格尔全集》

一家日本公司欲与一个美国公司进行交易，这家日本公司派了三名代表赴美订购货品。美方公司知道不能错失这样的赚钱良机，在日本代表到来之前就做了精心的准备。在洽谈时，美方先是用挂图、电脑资料和试听材料等多种方式介绍产品，然后，又用幻灯片播放产品简报，讲解和展示经过了几个小时，日方代表却始终呆若木鸡地坐着，沉默不语。美方代表以为对方是被自己的产品惊艳到了，十分得意地问道："你们觉得怎么样？"没想到，得到的却是日方代表一句彬彬有礼的"我们不懂"。美方代表感到无比失望，又不好意思表现出来，只能硬着头皮问："哪儿不懂？"想不到，得到的却是"全都不懂"的回答。美方代表的沮丧之情立马挂在了脸上，但他还是耐心地问："从什么时候开始不懂？"日方代表表示从放映幻灯片开始，就不懂了。美方代表的得意早就烟消云散了，只能弱弱地问一句："那么，你们希望怎么办？"日方代表表示希望美方代表再耐心讲解一次。之后，日方代表也一直表示"弄不懂"，美方代表为了做成这笔生意，只能被日方代表牵着鼻子走，细心地再从头来过。经过了多次反复，美方代表的锐气已经丧失殆尽。在接下来的谈判中，作为远道而来的日方代表一直处于优势，盛气逼人，最终取得了满意的结果归国。

课堂收获

日方代表是否真的不懂呢？当然不是，他们牢牢抓住了"隐藏自己实力"的谈判技巧，让对方锐气尽失，在客场作战的情况下，收获难得的胜利。隐藏自己的实力，一方面会让对手麻痹大意，另一方面还能留给自己很大的余地。谈判实际是场信息战，谁能了解对方更多，谁就能更有胜算。

诱导对手，来一个错误判断

社会是一个泥坑，我们得站在高地上。

——巴尔扎克

红鲱鱼既是一种英国的腌制鱼类，也是英国人专门用来指代能够转移对手注意力的事物的英文短语。狐狸一直被人们在文学作品中丑化为邪恶、凶残的肉食性动物，人们也总是把现实中的狐狸形象和文学作品中的狐狸形象混为一谈，对狐狸极度仇视，看见狐狸就会猎杀它们。英国历史上就曾有过一段大肆猎捕狐狸的时期。面对人们猎捕狐狸的行为，一些维护动物权益的组织知道不能从正面完全杜绝这种现象，就想到了利用红鲱鱼进行地下作战，来反对那些残忍的猎杀行为。鲱鱼被晾干腌制后，肉就会变成红色，像腌制的三文鱼一样。英国人称这种红鲱鱼是“腌熏鲱鱼”，这样的“腌熏鲱鱼”会散发出浓烈的气味。平时人们猎捕狐狸都是利用猎犬，通过追踪狐狸身上的气味而找到狐狸。但是只要把一条腌熏鲱鱼放在狐狸经过的路上，鲱鱼的味道就会掩盖住狐狸身上散发的味道，猎犬们就会晕头转向，无法追踪狐狸的踪迹了。猎人每次遇到这样的情况，也无可奈何，只能气愤地说一句：“这些混蛋又在糊弄我的猎犬了。”这时，维护动物权益的组织者和志愿者们看到这一幕，都会在树丛中暗暗偷笑。“红鲱鱼”成了保护狐狸的制胜法宝，一直被动物爱心人士使用。长此以往，红鲱鱼也成了英文中的一个专用名词。

课堂收获

用一个微不足道的问题去引诱对手，可以让对方的注意力从真正重要的事物上转移，从而在重要的问题上做出让步。有时候必要的声东击西也是很有效的技巧，但是千万不要自己也陷到这样的诱导陷阱里去，一旦对手打算要转移你的注意力，就得小心了，要把注意力集中到重要的问题上，步步为营。

树立信心，坚信能赢

能或者不能，都由你自己说了算。

——亨利·福特一世

法国矿泉水的销量一直都居于世界首位。其中“碧绿液”牌矿泉水更有“水中香槟”的美称。美国为了遏制法国矿泉水在市场的迅猛势头，特意对“碧绿液”矿泉水进行长期监察。经过抽样调查，美国食品公司及药物管理署宣布，该产品中含有超过规定的2%～3%的化学成分苯，长期饮用可能致癌。此消息一出，“碧绿液”公司股票跌价16.5%。

该矿泉水的生产者马上向美国当局做出保证：回收和销毁全部产品。这一决定又马上成为“碧绿液”超标问题新闻后的轰动新闻。此举也得到了法国政府的支持，这可以说是一场信心战。保证宣布的当天，股票牌价当天回升2.5%。

很快，公司就公布了事故的原因并不是水源问题，而是人为技术造成的：由于滤水装置没有按期更换造成苯超标。这下消费者们的信心又回来了。由于长期饮用“碧绿液”已成习惯，该牌矿泉水在法国立刻出现抢购狂潮，美国也仍有84%的消费者购买该产品。在初步恢复信誉后，公司又展开了巩固市场的宣传攻势。

“碧绿液”很快在包装上打上“新产品”，全新上市。巴黎的报纸杂志都刊登着带有“新产品”字样的“碧绿液”。上市当天，法国驻纽约总领事馆召开“碧绿液”新产品重新投放市场的记者招待会。第二天，报纸上又刊登了“碧绿液”美国公司的总经理昂首痛饮“碧绿液”的照片。

“碧绿液”的电视广告又很快投放到电视屏幕上：一只小绿瓶出现在画面中间，瓶口流下一滴水，顺着瓶身淌下来，犹如眼泪一般。画面外的声音响起：“碧绿液。”像一个受了委屈的小姑娘在呜咽低泣，一个慈父般的声音温柔地劝慰她不要哭：我们仍旧喜欢你。

课堂收获

无论对手如何打击自己的名誉，我们都不能丧失对自己的信心。用实力说话，用信心作战，这是不少哈佛人身体力行的准则。一些老牌的公司、产品之所以能长久生存并繁盛着，也是秉承着这样的信条。

尽早和对手达成合作

如果你不能战胜对手，就加入到他们中间。

——美国企业界名言

一条大量二手汽车折价出售的消息在全世界流传，可是这条消息既没有说明这批汽车身在何方，也没有说明是什么型号，有多少数量，具体什么价格，就只有这么简简单单的一句话。面对如此模糊的信息，一家实业公司还是留意，并且在上面下了力气，通过跟踪查访，顺藤摸瓜，展开了迅速的调查。

几天后，该公司的董事长办公室桌上出现了一份报告：南美的智利，一家铜矿公司倒闭。矿主为偿还债务，决定将事前订购的美国道齐、德国奔驰等各种型号载重货车、翻斗车折价拍卖。这批车共计 1500 辆，全部是新车。

消息一下子明晰了，董事长知道在中国香港、智利周边，甚至全世界，只要得到了明确信息后，都会觊觎这批新车，到时自己就会有很多竞争对手了。所以必须马上展开行动，以迅雷不及掩耳之势，拿下订单，越早和对手合作成交越好。他立即派出现场验货采购人员，并且授予他们拍板成交的权力。

该公司的采购小组连同汽车方面的技术专家，马上就飞往智利，找到了那家矿产公司。他们对那批 1500 辆的崭新载重车，一辆一辆地进行了技术检验，结果证明，它们的质量非常好。双方坐下谈判后，经过一番紧张的讨价还价，矿主同意将这批载重 7 吨～30 吨的汽车，以低于原价 38% 的价格出售给该公司。那家实业公司以最快的速度找到卖家，达成合作，获得了空前的成功。

课堂收获

遇到千载难逢的好机会，一定要抢占先机，比其他人更快地和谈判对手达成合作，拿下订单。生意场就是战场，战机稍纵即逝，争分夺秒的背后就是利益的得失。抓住战机，当机立断是生意高手必备的能力之一。

利用差异来创造价值

当一些大企业暂时出现危机或股市下跌，出现有利可图的交易价格时，应该毫不犹豫买进它们的股票。

——巴菲特

在谈判过程中，如果先让一个态度强硬、提出狮子大开口要求并且决不让步的人先进行谈判，再让旁边的面善语和、相对要好说话的人接替前者的谈判，提出比先前要合理些的条件，对方就会很容易接受后者提出的条件，因为在他的内心已经有了一个差异，他会想：幸好有后面这个好说话的人，不然事情就更糟糕了。其实他忽略了，对方的两个谈判都是同一利益集团的，他们的目的都是一个：获得更多利益。

美国大富翁霍华·休斯的私人代表就利用了这个差异优势。霍华·休斯打算采购大批飞机，他先亲自与某飞机制造厂的代表谈判，不过这个大富翁性情古怪，脾气暴躁，一开始就狮子大开口提出了 34 项要求，和对方代表争得面红耳赤，就是不肯让步。双方的谈判很不愉快，相持不下的情况下，霍华·休斯派自己的私人代表出面，进行又一轮的谈判。

令霍华·休斯没想到的是，很快谈判就成功结束了，私人代表竟让对方接受了 30 项要求，其中包括11项非得不可的要求。霍华·休斯对这一结果很满意，也不禁感到诧异，他问私人代表快速得胜的秘诀是什么。私人代表回答道："很简单。每当我们谈不拢时，我就问对方：'你到底是希望与我解决这个问题，还是留待霍华·休斯亲自跟你解决？'结果，对方一一接受了我的要求。"

课堂收获

两个谈判者截然相反的态度和风格，很容易让对方倾向于好说话的那位，厌恶和畏惧那个不让步的人。这样的心理差异会让对方更易于接受相对和善的谈话者的要求。可是两者是同属一个阵营的，目的都是从谈判者手上捞到己方想要的东西，这只是一个策略。

发现问题，劣势转为优势

发现问题比解决问题更重要。

——G.波利亚

在私车日渐普及的年代，很多机车公司的生意都渐渐出现颓势。一家德国机车厂尽管花费了大量的金钱，打了很多的广告，销量也一直上不去，百思不得其解的公司负责人，最终找到了美国的一位心理学家，让他来寻找到能提高机车销量的良策。

心理学家来到德国，经过一番实地考察，很快就发现了问题所在，这家公司虽一直宣传“鄙公司的机车最经久耐用”，把自己的品质作为卖点。但是当时是私车流行的年代，厂商一直强调自己的机车经久耐用，明显是让消费者们长期使用机车而放弃私车，与当时社会普遍趋向购买私车的潮流趋势相违背。让顾客们弃私车选机车，这种违背时代潮流的宣传广告，怎么能够打动消费者呢?

心理学家又对一般顾客消费心理进行了详细调查，正好显示和自己最初发现的问题吻合。不少顾客都表示自己打算买辆私车，而不是老土的机车，机车就算再经久耐用，可是自己不需要，又为什么要买它呢?

这位心理学家发现问题所在之后，又利用自己的聪明才智，想出了一条应对的妙计，那就是在机车上装置私车喇叭。那家德国机车厂的老板一开始还觉得这个计策太古怪，心想：好好的机车装个喇叭有什么用?不过抱着试一试的心态，还是采用了心理学家的计策，给自己生产的机车装上了私车的喇叭。很多消费者对私车喇叭感兴趣，觉得在机车上装置私车喇叭很新奇，渐渐又有人开始购买这家厂的机车了，甚至这家厂商生产的机车销量一路追上并超越了私车。

课堂收获

随着时代的改变，很多优势都渐渐变为劣势，需要用创新思维思考问题，将劣势变为优势。现在流行的山地自行车其实也运用了机车改造的原理，才能引起对老式自行车渐感冷淡的消费者的兴趣，让人们竞相购买。

保持冷静，有效应对

任何问题都有解决的办法，无法可想的事是没有的，要是你果真到了无法可想的地步，那也只能怨自己是笨蛋，是懒汉。

——爱迪生

曾有一个美国推销员向一群工程师推销他们公司的计算机打印机，这种打印机售价为每台 1.2 万美元，价格相当高昂。推销员一番宣传后，工程师们却反应冷淡，一声不吭地冷视着这位推销员。推销员的热情被狠狠地泼了一盆冷水，感到非常难堪，有点不知道如何继续。幸运的是，这位聪明的推销员很快就冷静了下来，他很清楚，工程师们的冷淡对待，就是因为这种打印机高昂的价格。不过这种打印机的成本确实高昂，没有办法降价出售。他想，既然价格的问题没法商量，不如从这款产品的质量入手，来说服对方。

于是，他特意装作气急败坏的样子，用力捶打电子元件的机箱，计算机打印机却依然工作着；他又愤怒地从工作台上举起机器，狠狠地砸向地面，不小心还碰到了自己的一只脚，不过那台打印机仍然在工作着。紧接着，他就借势脱掉皮鞋，再次向打印机发起攻击。打印机仍旧运转着。

这可是价值 1.2 万美元的计算机打印机呀！工程师们看得都心疼了。他们纷纷围着这台打印机，查看它的损耗，只听一位工程师小声说道："嘿，瞧呀！一个数码也没有错！"然后是一阵沉默，所有在场的工程师都被这台打印机的超高质量折服了，认识到了这台打印机造价高昂的原因所在，最终同意购买了这种打印机，同推销员签了一笔数额不菲的订单。

课堂收获

当谈判没有取得效果，应该做的不是畏畏缩缩，陷在一时失败的难堪中，而是应该冷静下来，想想另外的对策，这个点不行就从另一个点下手。面对困难时的沉着冷静，是作为运筹帷幄的商业精英必备的素质。

第16章

相持阶段课
——坚持到底就是胜利

软磨硬泡，“纠缠”到底

成大事不在于力量的大小，而在于能坚持多久。

——约翰生

现在热播的英剧《神探夏洛克》可谓风靡世界，其中的主人公夏洛克就是来源于福尔摩斯这个经典的侦探形象。时隔百年，这个叼着烟斗、断案如神的英国侦探形象仍然在人们心中发光发热，这一切都不得不归功于《福尔摩斯探案集》的作者柯南·道尔，以至于日本漫画家青山刚昌创作了同名漫画《名侦探柯南》，来向这位原作者致敬。可是人们似乎忽视了另一个贡献者，那就是柯南·道尔的出版商梅斯。

当《福尔摩斯探案集》在斯特兰德杂志上成功连载，正为全世界的读者们痴迷、热捧之时，柯南·道尔却执意停笔。于第四卷中，让福尔摩斯和罪犯莫里亚蒂教授同坠谷底，完结了福尔摩斯系列。柯南·道尔的出版商梅斯是个聪明人，他深知柯南·道尔生性固执，一旦他不想继续写下去了，再逼迫也是枉然。但是梅斯也十分清楚，柯南·道尔只是厌恶了通俗写作，对于带给自己极大利益和荣誉的经典侦探形象福尔摩斯，还是情有独钟的。于是梅斯牢牢抓住版权代理权，不时地向柯南·道尔透露福尔摩斯迷们种种的不满情绪。与此同时，又以一个故事1000英镑的丰厚稿酬允诺给柯南·道尔。通过不断的软磨硬泡，晓之以情，动之以理，一年之后终于看到了成果。柯南·道尔让福尔摩斯从谷底爬了起来，继续上演了一段段精彩绝伦的探案故事。梅斯当然也收获了巨大的财富。

课堂收获

如果当初梅斯只是单一地“利诱”，或者不断催逼，恐怕现在看到的《福尔摩斯探案集》就只有四卷了，福尔摩斯的传奇性和影响力也将大打折扣。可见在谈判中，“纠缠到底”的精神加上“软磨硬泡”的手段，有时候就会达到理想的目标。

蒙蔽对手，获得上风

生活中最使人筋疲力尽的事是弄虚作假。

——林德伯格

1892年的一天，一群德国军官和日本驻柏林武官福岛聚会，酒过三巡后，福岛借着几分醉意，口出狂言：“我能骑着自己的马，从柏林走到海参崴。”在座的人都以为是福岛的醉话，因为从柏林到海参崴，横贯欧亚大陆，路途遥远，险山恶水，加上变幻莫测的天气，即使是骑着一匹千里马也不可能到达，更别提福岛那匹瘦骨嶙峋的老马了。可是福岛似乎真的喝醉了，大家也借着酒劲打起了赌，福岛听到打赌，用喝得发硬的舌头吐出话来：“赌就赌，我下一万马克。”不少德国军官也纷纷下赌注，他们都认为福岛这个醉鬼必输无疑。

日德两国军官打赌探险的事，很快被新闻界知晓，于是各国报纸都一时竞相报道此事。成千上万的人关注此事，德俄两国政府也关注着这一壮举，都表示支持福岛，愿意为福岛提供便利。

于是福岛在万众瞩目下，和他的瘦马开始了这次的传奇之旅。在德国境内时，福岛受到了当地男女老少的热烈欢迎，很快抵达了德俄边境。由于福岛的大半行程都在俄国境内，那个骑马从柏林抵达海参崴的诺言能否兑现，很大程度上取决于俄国的这段旅途。很多人都怀着好奇心和虚荣心，在福岛可能经过的路上等候福岛。每当迎来这位日本“探险家”，人们就会热情欢迎和款待他，都以能陪同这位军官到自己的家乡参观为荣，毫无保留地介绍着当地的情况。而福岛本来就精通俄语，这就便于他同俄国上下各界人士的交流，也增进了对俄国各方的了解。福岛最终用1年3个月完成了自己的目标，赢得了赌注。而谁也想不到，这次赌注的最大赢家是日本。福岛搜集的关于德俄两国的一大摞情报，都被悄悄送到了参谋总部的日军情报头子手上。这原来是一场精心安排的间谍活动。

课堂收获

谈判就是一场战役，一场心理的博弈，能够成功蒙蔽对手，再出其不意掩其不备地进击，就能获得极大的成功。而这就像下棋一样，需要精心设计，步步为营。

抓住对手弱点，适时“恐吓”

在最洁白的布上，污点最显而易见。

——英国谚语

谈判专家罗杰·道森一次受一家协会聘请，前往亚特兰大的桃树酒店讲授培训课程。桃树酒店是一幢 73 层高的圆形塔楼，每一层有 15 个左右的饼状客房，当时它的标准客房价格是 135 美元，给罗杰的价格则是低折扣的 75 美元。虽然房费是聘请罗杰·道森的协会出的，但是罗杰为了让参加培训的人意识到优势培训的力量，决定通过十分钟内的谈判让酒店把价格降得更低。因为酒店告诉罗杰只有双人间了，罗杰就紧紧抓住这个弱点展开攻势：“请我来的那家协会是在 1 个月之前预订的房间，可现在情况发生了变化，我想我不能住双人间。”面对这样的要求，服务员还特意请来了经理，经理详细地解释整个酒店共有 1074 个房间，1064 个房间都住了客人，所以只有十个空余房间，能供选择的也只有一个双人间。

深谙谈判之道的罗杰故作痛苦地说：“好吧，看来我只能住双人间了。可如果我接受这个条件的话，你们能为我做些什么？”其实当时罗杰想能提供一顿免费的早餐就不错了。没想到的是经理竟然说：“我们可以给你个折扣。你觉得 5 折怎么样？”罗杰当然一口答应了。

就在服务员递给罗杰房间钥匙的时候，经理又说：“请稍等一下。说不定我们可以给你提供一个更好的房间。”然后立马打电话，果然发现酒店还有一个大的房间。这个房间刚装修完，酒店人员不确定它是否已经被预订出去，所以一直空着。这样，罗杰·道森真的以 37.5 美元的价格谈下了客房，又为自己的演讲增加了一个经典案例。

课堂收获

罗杰·道森的房费由聘请他的那家协会来出，他本人经过这场谈判并没有得到很大的好处，可是他这么做，就说明了在谈判中找到对手弱点进行攻击的重要性。

再苦再难，也不要放弃

逆境中的美德就是忍耐。

——培根

开创NFL先河的美国著名橄榄球教练文斯·隆巴尔迪，总喜欢带球员欣赏那些“险些功亏一篑”的比赛片段：球员明明要接住球了，结果却一不小心让球从自己的手上滑走了。然而这些球员并没有放弃，他们大多能再次俯下身去，在球落地前抓住球。还有一些球员险些被对方后卫撞倒，马上又挣扎着起来，最终触地得分。隆巴尔迪播放这些片段时，告诫球员们，每个人都要尽力做好第一次尝试，如果不知道怎样打好橄榄球，不知道教练希望自己做什么，就没有必要出现在球队了。而区分球员优劣的一点，就是好球员总会在第一次失败后还继续尝试。光听从教练的安排，单纯地训练，并不会成就一个伟大的球员，永不放弃的精神才能铸就一个成功球员。

课堂收获

打橄榄球是这样，做其他事又何尝不是呢？很少有天生的谈判专家，只有迈出第一步，此后一直吸取教训、累积经验，才能不断地提高自己的谈判能力。坚持到底的精神运用在工作和生活中，往往能收获成功的果实。

适时转换话题，重新开始

忘记过去的错误，一切重新开始。

——马尔兹

1939年春夏时节，纳粹德国正打算研制铀设备，多次召开原子能科学家会议。如果德军研制出当时绝无仅有的核武器，那欧洲战局的灾难就迫在眉睫了。爱因斯坦等进步科学家委托美国经济学家、罗斯福总统的私人顾问萨克斯，希望他设法说服罗斯福总统，将原子能研究提到日程上。萨克斯在面见罗斯福时，将爱因斯坦的信直接交给了罗斯福，又朗读了科学家们关于核裂变的备忘录，企图说服罗斯福总统。但是罗斯福对那些论证严密、道理深奥的论述并不感兴趣，十分冷淡地回复了萨克斯："这些都很有趣，不过政府若在现阶段干预此事，看来还为时过早。"

不过罗斯福对断然拒绝萨克斯的提案多少抱有一些歉意，第二天便邀请萨克斯共进早餐。见面后，罗斯福还没等萨克斯开口，就直言："今天不许再谈爱因斯坦的信，一句话也不许说，明白吗？"萨克斯知道今天不能再讨论这个话题，就说："我今天想讲点历史，不谈核武器。"然后就讲了拿破仑的故事。当初在欧洲大陆上所向披靡的拿破仑，在英法战争的海上对战中却屡战屡败。这时，一位美国发明家富尔顿来到拿破仑面前，建议把法国战舰的桅杆砍掉，撤去风帆，装上蒸汽机，把船的木板换成钢板。可拿破仑满脑子装的是固有的船的概念，他不相信没有风帆，用钢板做成的船还能航行。于是他断然拒绝了富尔顿。此后世人都知道，如果拿破仑采取了富尔顿的意见，那么历史就会完全改变了。说完这个故事，萨克斯目光深沉地注视着罗斯福，罗斯福在几分钟的沉默后，取出一瓶拿破仑时代的法国白兰地，将酒杯斟满递给了萨克斯："你胜利了。"由此，美国开始研制原子弹。

课堂收获

一个话题不行，那就转换对方感兴趣、能倾听下去的话题，重新论述，打动对方的心。而这就需要拥有广博的知识，这也是哈佛大学重视通识教育，鼓励学子们去图书馆获取信息的原因。

开始谈判另外的小议题

谈判遇到僵局时，你可以首先解决谈判中的许多小问题，并在最终讨论真正的重要问题之前为谈判积聚足够的能量。

——罗杰·道森

为了缓解苏联战场上的压力，美英两国在 1942 年 5 月同意在当年内开辟欧洲第二战场。但随着苏联战场的节节胜利，英国首相丘吉尔和美国总统罗斯福开始后悔自己做出的决定。两人商议后，决定暂时不在欧洲登陆，而是开辟非洲战场。于是，丘吉尔亲自到莫斯科与斯大林谈判。

谈判在晚上进行，尽管丘吉尔向斯大林列举了一大堆不能按期开辟欧洲第二战场的理由，斯大林还是不能接受英美两国的做法。随着谈判的进行，斯大林对英美两国的决定愈加不悦。他甚至厉声对丘吉尔说："对不起，您的战争观和我的不同。我不明白你们为什么那么害怕德军？"听到斯大林的这种指责，丘吉尔毫不犹豫地反驳说："我们并非害怕德军，1940 年，我们英国经过训练的军队只有两万，大炮只有 200 门，坦克只有 50 辆，而当时正值希特勒全盛时期。在当时双方力量悬殊的情况下，希特勒都没有来攻打力量弱小的我们。因为他知道跨越英吉利海峡并不是一件容易的事。"听了丘吉尔的反驳，斯大林毫不相让地说："丘吉尔先生，请让我提醒您一个关键性的因素，如果希特勒在英国登陆，英国人民一定会抵抗；但如果英军在法国登陆，法国人民则必定会欢迎英军。战争胜败的关键也取决于人心向背。"

就这样，丘吉尔和斯大林谁也说服不了谁，双方僵持不下，谈判也陷入了僵局。当丘吉尔看到斯大林的态度十分坚决，只好转而谈谈对德国进行轰炸的问题。由于暂时转变了话题，谈判的僵局有所缓和，斯大林的态度也有所转变。丘吉尔抓准时机，又再次提出关于不开辟欧洲第二战场的话题，这一次，斯大林愿意听丘吉尔的理由了。最终，丘吉尔经过艰苦的谈判，说服斯大林同意不开辟欧洲第二战场的决议。

课堂收获

当谈判双方或者谈判的某一方迫切想要获得某种协议时，为了使得改变议题能发挥更好的效果，就不能让谈判对手察觉到自己改变议题的意图。这时，谈判者可以采用声东击西的战术，让对方摸不准自己的真实意图。因为，如果对方察觉到你的真实意图，很可能会想尽办法阻止你转变意图，除非对方本身对你转变的话题也非常感兴趣，那就另当别论了。在一些非重要的谈判中，如果你想要改变谈判的话题，你可以事先告知对方改变话题的理由。这样一来，你就能获得对方的谅解，进而让对方接受你的提议。

不行就另辟蹊径

打破一切，寻求一切敢做敢为敢破坏，这就是真理和生活。

——雨果

1985年，FBI探员逮捕了苏联驻联合国代表团成员之一——心理学家杰纳迪·扎卡罗夫，他在纽约地铁站向一名间谍用现金购买机密文件时被当场抓住。扎卡罗夫被捕一周后，《美国新闻和世界报道》驻莫斯科记者尼古拉斯·丹尼洛夫被苏联方面逮捕。其实早在九个月之前，苏联方面就开始注意这名美国驻莫斯科记者的行踪，并展开了调查。

苏联方面提出用丹尼洛夫交换扎卡罗夫，里根总统明确表示拒绝。但是，此次双方谈判的僵局很快影响到了即将到来的武器控制峰会。尽管扎卡罗夫和丹尼洛夫并不重要，但是此事已让苏联和美国双方钻入了牛角尖，彼此都为了各自眼前的利益争得不可开交，很大程度上影响到了世界和平。但是，里根总统的态度又相当强硬：他绝不会去用一个间谍去交换一名记者。

此时，世界和平爱好者、东方石油公司的主席阿曼德·汉默尔献出一计打破了僵局。他在苏联从商多年，深谙苏联的办事风格。他知道必须另辟谈判蹊径，打破现有的僵局，苏联方面才能做出更大让步。于是，他建议苏联方面释放著名军火商人奥洛夫和他的妻子瓦里特娃。这样，以一名间谍交换间谍的方案，里根总统总算做出了让步，很快接受了这个条件，双方达成了各自满意的结果，也对接下来的世界和平局面做出了贡献。

课堂收获

一般情况下，一场谈判不会仅有一个焦点问题，如果双方都在一个焦点上陷入了僵局，那么这时就应该把精力转移到其他焦点上，另辟蹊径，重新开局。双赢谈判的艺术就在于，将不同因素综合在一起，达成让双方都满意的结果。

再一次审视对方的需求

没有一个能计算出内在价值的公式。你得懂这个企业。

——巴菲特

D. 柯尔比是美国 ITT 公司的谈判专家，他曾经历过这样一个案例：柯尔比与 S 公司进行洽谈，谈判已接近尾声。然而对方的态度突然转变，对已经谈妥的条件横加挑剔，不断提出不合理的要求。柯尔比也惊讶不已，因为对早已谈妥的条件临终改变，是很不讲理的行为。柯尔比深知对方代表不是蛮不讲理之人，而协议对双方都有利。对于 S 公司阻挠签约的事情深感困惑的柯尔比，决定将谈判延期，对方也接受了这一建议。在延期之间，柯尔比并没有停下来，而是派人从多渠道收集信息，思考对方的真正需求。经过一番努力，终于发现了对方态度转变的症结所在：原来 S 公司代表认为 ITT 公司占的便宜比己方多，在心理上感觉不公平，尽管价格可以接受，但是却过不了心理那个门槛。S 公司代表还多次向朋友抱怨了这事。柯尔比知道自己当初满足了对方金钱上的需要，却没考虑其心理的需求，没让对方心理上占优势。

重新谈判后，柯尔比态度谨慎小心，详细地比价算价，仔细地分析当前的协议，让对方知道双方利益相近，满足了对方代表心理的需求，一个小时后就成功签下了合同。

柯尔比面对突然的变故，冷静思考，通过“拖延”之计，多方调查，重新审视了对方公司的需求，使谈判以成功告终，也为自己的谈判生涯添上了值得炫耀的一场胜仗。

课堂收获

谈判过程中，对方如果以各种堂而皇之的理由拒绝谈判，那么就应该再度审视对方的需求了，而这需求不仅是经济上的，也有心理上的。想要赢得谈判就得在对手身上下功夫，明确对手的需求，才知道怎么走下一步。

假装放弃，麻痹对手

真正聪明的人在谈判中都会选择“低姿态”，往往对对方提出的问题“一问三不知”或者用其他不确定的方式巧妙作答，为在谈判中争取主动而留有余地。

——戴尔·卡耐基

美国一家公司和日本一家公司在贸易往来上进行了一场大规模交易的谈判，美方由于有求于对方，一开始，就果断展开攻势。美方代表滔滔不绝，侃侃而谈。相反，日方代表只是奋笔疾书，记录美方的发言，沉默不语。之后日方提议休会，宣告第一轮谈判结束。

六周过后，日方又派了另一个部门的几个人来到美国，进行第二轮谈判。这次日方的代表好像对之前的洽谈一无所知，谈判只能从头开始。美方代表依然把上次说的又说了一遍，还是侃侃而谈，说个没完。日方代表则依旧一言不发，记下大量发言就离开了。之后的第三次、第四次、第五次谈判也都如此，日方代表从不发表任何实质性的看法，只是记录笔记。

两年过去了，日方并没做出任何反应，美方认为日方没有诚意，实在是搞不懂日方的想法，生意肯定是做不成了。正在绝望之时，日方的决策团竟突然造访美方，一反常态地督促美方尽快表态，达成协议。美方一下乱了阵脚，因为没有事先准备，很多成本随着时间的推移早就发生了改变，一时根本无法设计出完美的方案。美方变得十分被动，也就让远道而来的日方反客为主，获得了谈判的优势，赢得了谈判。

日方多次的无反应对策就是佯装放弃谈判，等到美方已经不再在意这次合作之时，日方就突然发动攻势，让美方措手不及，失了分寸，进而利益最大化地赢得了谈判。

课堂收获

生意场、政治界，本来就是实实虚虚，虚虚实实。在谈判中要懂得去麻痹敌人，假装的退让能够收获意想不到的胜利。谈判就是一项集分析信息、驾驭时间、调动力量来影响周围环境等能力的综合技能，善于运用虚实交替的兵法，才能屡战屡胜。

避免无限制地相持下去

我们完成某种事业，达到某种目的，不能像池沼里的青蛙那样，让生命在咯咯咯的叫声中消磨掉。应当去完成自己向往的事业，达到自己追求的目的。

——尤·特里丰诺夫

一次商业谈判中，实力雄厚的乙方出乎甲方意料，率先亮出了自己的底牌，采取先发制人的谈判手段。这张条件苛刻的底牌亮出后，乙方就借着当时强盛的气势，催促甲方代表团当场表态，甲方代表一下就陷入了困境。因为甲方根本没想到乙方会来势如此凶猛，事先也没有想到相应的应付办法，也无法一时之间判断接受对方条件能否给自己带来预期利益。双方就陷入了僵持中。

这时候，甲方的一位代表忍受不了现场的尴尬沉默，不禁向窗外望去，发现谈判室外有一位女士在打电话。他灵感一来，立马想到一计，立刻把眼光移向墙上的挂钟，看了几眼。然后他故意抱歉地起身，对在座的人们说："实在对不起，我现在有一个约会电话，几分钟就好了，失陪一下，请各位谅解。"他走出谈判室，就拿起电话随意拨了个号码，然后像和对方讨价还价一样，煞有介事地拿着纸笔，和电话那头比画了起来。三分钟过后，他回到谈判桌上，郑重其事地向乙方代表表示："你们的条件我不能接受。"因为经过前面的一番深思熟虑以及刚刚在纸上的计算，他知道如果接受乙方条件的话，必定会吃亏。乙方虽然态度强硬，也不愿放弃这笔交易，于是改变条件，做出了让步。最后双方都达到了较为满意的结果。事后，甲方公司的领导还特意嘉奖了那位冷静打破僵局的谈判员，因为在谈判中每一分每一秒都得争取，一旦无限制地对峙下去，双方都会有损失。

课堂收获

谈判陷入僵局对双方都无益，必要的时候，冷静应对，想到对策去打破僵局。这个案例的甲方代表很聪明，他假借电话之名，适时运算，把握分寸，同时也给了对方以压力，之后提出拒绝，让实力雄厚的乙方做出了让步。